温故知新のリフォーム 六

「再生」が拓く新しい物語

旧家再生研究所 編

建築資料研究社

温故知新のリフォーム 六

刊行にあたり

住友林業ホームテックは、
長年「旧家再生」に携わっています。
家族という営みの器として
長い時間を生き抜いた木の家。
その再生を行うなかで、
地元の山の木や取り寄せた銘木を用い
風土にあわせて工夫した家づくりに、
多くのことを学んでいます。
普請《ふしん》にかかわった昔の職人の知恵、
技術、意匠に、感心することもしばしばです。
私たちはさらに、最新の技術や設備で
現代的な快適さを実現し、
地震や台風に強い住まいにしています。
安全であり、さらに情緒にかなった建物に住み、
自然の素晴らしさに感謝して、生きていきたい。
その根本は、どんな環境下でも変わらないでしょう。

「旧家」は日本にとって大きな宝だと思います。
日本らしい景観や美しい町並みの要素、
記憶の鍵、変わらない安らぎの心象風景です。
旧家や古建築を守る選択をされた方々の日々。
そこでまた新しい物語が紡がれ、
未来が拓かれていくことを願っています。

住友林業四国社有林

温故知新のリフォーム六　「再生」が拓く新しい物語　目次

まもる
旧家リフォーム事例

旧家リフォーム事例

つなぐ

洋館建築の再生事例

近代建築史家 内田青蔵先生に聞く

旧家リフォーム事例

ひらく

事例1、5は、歴史的建築物に詳しい中山章さんに解説をしていただいています。

中山章（なかやま・あきら）
一級建築士。１９５３年福島県生まれ。75年日本大学工学部建築学科卒業。89年中山章建築研究室開設。２００１年より東洋大学非常勤講師。住宅、木造建築を中心に設計活動を行い、日本建築の研究をとおし、古建築の調査研究、古民家の改修などに携わる。

カバー、1ページ扉の写真は、事例1 N邸の玄関ホール吹抜け。

旧家リフォーム事例

ゆめろ

まもる

事例1

古建築研究家
中山章さんと拝見

職人さんに教わった家の価値
家族でずっと守りたい

千葉県山武市　N邸

Data

築後年数	約160年
改修面積	120.75㎡
施工期間	320日間

吹抜けの大きな玄関ホール

小さな玄関と板の間に改装してあった土間スペースを原形に戻し、2階部分を撤去して開放的な吹抜けの玄関ホールに。収納を兼ねた小上がりの接客スペースを設け、2階にあった手すりをアクセントにした。ペレットストーブのあたたかさでお客様を迎える。

上／玄関ホールから座敷を見通す。仏壇・神棚のあるカミの間 12.5 畳、式台玄関に続く玄関の間 10 畳、次の間 10 畳の三つの座敷の連続は、上層の家ならではのもの。　下右／玄関ホール上部の吹抜け部分。小屋裏収納への通路には、かつて 2 階で使われていた飾り格子付き手すりを再利用。1、2 階を通す中央のケヤキ大黒柱は、上部は周囲にあわせて古色を付けたが、下半分は洗いをかけて磨いたままに。　下中／建具内部は家族がくつろぐリビング。玄関ホール側（大黒柱の左手）の建具は既存の大阪格子にあわせて製作し、新旧の違和感がないように色あわせした。ユーティリティに面した障子（右手）はガラス部分を上部に設けた変形の雪見障子。息子さんのアイデアで、外からの視線をさえぎりつつ外光を取り込めるようにしている。　下左／玄関ホールとユーティリティを仕切る格子戸の納まり。空調への配慮から工夫されている。

4世代家族がくつろぐ、生まれ変わったリビング

上右／元座敷にあった地袋のケヤキ板と襖の金物引き手を組みあわせて、リビングの扉に。　上左／鋳鉄製引き手の意匠は、古くから延命長寿を表す松喰鶴《まつくいづる》。　下／テレビ背面のアクセント壁は漆《うるし》引きの和紙貼りで、経年変化も楽しめる。

「貴重な材や建具をきちんと残し、
快適な設備も取り入れながら
モダンにし過ぎていないところが良いですね」（中山）

玄関ホールとカミの間を仕切る大阪格子

密に組まれた縦格子に、取り外しできる障子を組みあわせる大阪格子。夏場、写真のように障子を外すと、風は通すが室内への視線はほどよくさえぎる。

幕末期の万延元（1860）年に建てられたという築160年のN邸。これまでも改装は重ねられてきたが、平成最後の4月、この先の100年を見据えた大リフォームが完成した。建築当初の間取りに戻しながら安全性と快適性を向上させたN邸を、古建築研究家の中山章さんと訪ねた。

「このお宅は当時の上層農家のなかでも別格のつくりですね。かなりの豪農で村の重役だったと思います」。以下の根拠を挙げながら、中山さんはこう評した。まず囲《い》炉《ろ》裏《り》の痕跡がないことから、茅葺きではなく最初から瓦屋根だったこと。田の字形の四つ間取りが一般的ななかで、こちらは六つ間取りになっていること。総欅《けやき》造りの式台玄関の先に10畳の玄関の間があり、最奥の座敷に床の間、さらに招客用の凝った手水場《ちょうずば》が設けられていることなど、「身分の高い武士を迎えたり、大人数が集まる家だったことがうかがえます」。

ご当主のNさんによると、この邸を建てたのは曾祖父様だが、材料ごしらえはさらにその先代のころから取りかかったそうだ。分厚くて長い土間の式台も、座敷の大きな差鴨居《さしがもい》もひと抱えもある大黒柱も、みんな無節《むぶし》のケヤキ。自家の山から選りすぐり、何年もかけて乾燥させたケヤキ材が、家中に惜しげもなく使われている。また、断熱工事のために天井を解体したところ、家の端から端までを貫く長さ20メートル以上のマツの大梁が数本、姿を現した。

これらの贅沢な材に施された往時の職人の精緻な手仕事と知恵に、現代の職人たちは感嘆し発奮し、休憩時間の茶飲み話でご家族に解説した。「昔の職人はすごいなーって、いろいろ教えてくれるんです。これが毎日の大きな楽しみでした」と奥様は微笑んだ。

Nさん御一家。前列中央がお母様、両側にご主人と奥様。後列に息子さんご夫妻。カミの間には、上部に大きな神棚、左手に非常に手の込んだ組木細工の仏壇がしつらえられている。

格の高い客人を迎える
式台玄関と玄関の間

上／式台玄関から続く玄関の間。この襖に立派な虎が描かれていたが、ご主人が子どものころ破いてしまった。お祖父様は少しも怒らず、エキゾチックな絵柄に変えたという。
　中／総欅造りの式台玄関は威風堂々。内部がきれいになったので、次はここもしっかり直したいとご主人。　下／1860 年の建築時はまだ瓦葺きは幕府により禁制だったが、幕末期らしい進取の気性で、瓦葺きを取り入れている。

「総欅《けやき》造りの式台玄関に、
大きな玄関の間、江戸時代からの
上層農家としても別格のつくりです」
（中山）

「床の間座敷は正式な客を迎えるための部屋。
隣の部屋とは壁で仕切って距離感を演出し、
より格式の高さを表しています」（中山）

唐木三銘木による床の間

右／床の間のある座敷。床框と落とし掛けは黒檀、床柱は鉄刀木《たがやさん》、右手の床脇《とこわき》の框は紫檀と、唐木《からき》三銘木を使った床《とこ》、床脇のつくり。　左上／床と床脇の間の壁には狆潜《ちんくぐ》りが設けられている。　左下／書院の透かし欄間には、鳳凰とＮ家の家紋である桐があしらわれている。

折々に絵師を呼んで描かせた座敷の襖絵

お祖父様はとてもハイカラな人で、気に入った絵師を滞在させては襖絵や屏風絵を描かせていた、とご主人。　上／玄関の間と次の間を仕切る襖絵は水墨画のような峨峨たる峰々。　下／その裏側（右手襖）には松の生える海岸が描かれる。床の間の座敷との間の竹の襖絵は作者不詳だが、「菱田春草的な近代日本画の雰囲気がしますね」と中山さん。

手の良い仕事が見られる欄間

上右／玄関の間と奥の和室の間には、蜀江《しょっこう》文様の欄間が。今回、奥の和室をフローリングの洋室に改修し、欄間に曇りガラスを組みあわせた。　上中／玄関の間と次の間を仕切る欄間は松皮菱文様。　上左／次の間と床の間の座敷の間の欄間は、同じ菱形でも手の込んだ三重菱形と、座敷の格につれて欄間の格も上がっている。　下／床の間の裏手、招客用のトイレには手水場がしつらえられていた。ケヤキの欄間には魔除けの獅子と牡丹、下は縁起の良い亀が透かし彫りされている。

「座敷の格によって変わる欄間も見どころ。ケヤキを用いた招客用手水場にも技巧を凝らした職人技が」（中山）

　敷地内には母屋のほかに95歳のお母様のお住まい、息子さん家族の別宅が立っているが、いまも食事や団欒《だんらん》は母屋に集まって家族4世代で過ごすのがN家のスタイルだ。「私がお嫁に来た日はこの式台玄関から上がってね、最初にお仏壇にご挨拶してからこの座敷で結婚式をしたんですよ」と奥様。当時は使用人も入れて総勢11人が母屋に暮らしていたそうだ。

　以来50年、老朽化による不具合と折りあいながら大切に住み継いできたが、ここ数年大きな天災が相次ぎ、お母様が元気なうちに安心させたいとご夫妻はリフォームを決心。息子さんにテレビ番組「百年名家」などで信頼感があった住友林業ホームテックに依頼しようと思うと相談すると、息子さんはすぐに旧家を住み継ぐさまざまなサポートを提供する同社の「百年のいえ倶楽部」に入会。担当者との打ちあわせを息子さんが一手に引き受けた。「既存の材や建具はできるだけ活かしたい」「リビングを明るく」「玄関を広く」「両親と祖母が安全で快適に過ごせるように」、そして「100年引き継げる家にしてほしい」。これらの要望に対して、担当者は「陰翳礼讃」をテーマに、本来のN邸の品格と趣を際立たせる採光や照明を提案。綿密なやり取りを経て、家族全員が満足する再生になった。息子さん夫妻は「みんなこの家が大好きでしたが、住んでいるだけではわからない価値を発見できたので、末長く大事に守っていきたいですね」と話してくれた。

Before

CHECK POINTS ここが不満だった

- 土台が腐って床に穴が空いているところがあり、
  大きな台風や地震に耐えられるのか不安だった。
- 冬の寒さが厳しく、とくに夜、北側のトイレに行くのが本当につらかった。
- 以前に改装した玄関がとても狭くて、お客様をお招きするのもはばかられた。
- 風が吹くと砂ぼこりで畳がザラザラになって掃除が大変だった。
- 家のなかが全体的に暗かった。

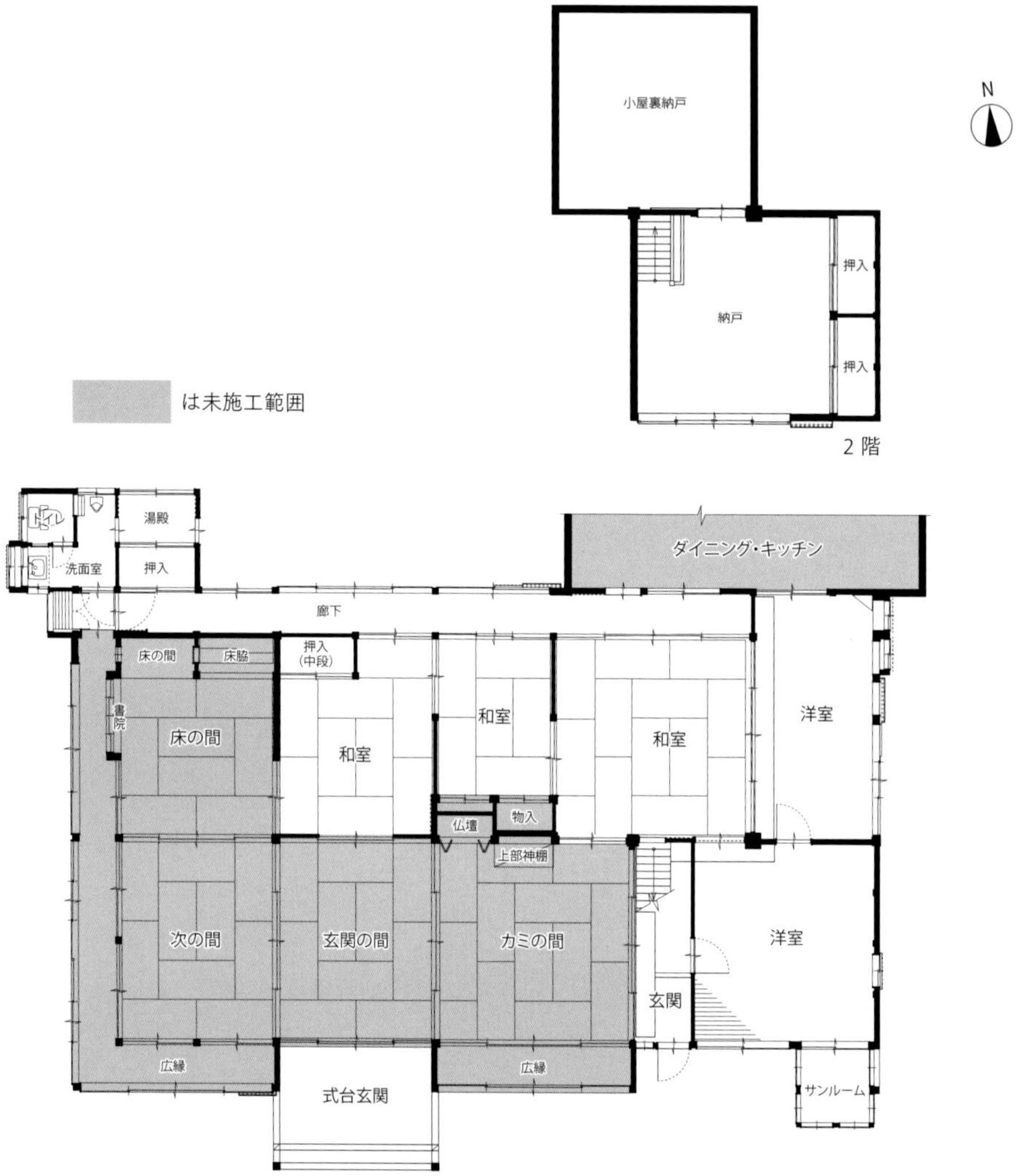

改修前平面図　1/200　　1 階

リフォーム前の様子

右／もとの土間スペースの東側を洋室にしたため、玄関がとても小さかった。　中／居間にしていた和室（改修後のリビング）が昼間でも薄暗かった。　左／北側外観。北側にも廊下が設けられているのは珍しい。

After

CHECK POINTS 改善されて快適になった点

旧家の制震技術で強く安心な家に

土台が傷んでいた部分は取り替え、さらに要所要所に住友林業ホームテックオリジナルの伝統構法用制震ダンパーを設置。地震の振動を吸収して耐える安心な家になった。

リビングが明るくなった

自然光の入る東側の洋室を吹抜けのユーティリティにし、リビングとの間に上部にガラスをはめた障子を入れたことで、リビングはユーティリティからの視線や寒気をさえぎりつつ明るさを確保できるようになった。

家全体があたたかくなった

天井、外壁、床下に断熱材を入れたことで、厳しかった冬の寒さがとても楽になった。とくに北側の廊下の窓を断熱サッシにしたおかげでトイレに行くのが楽になり、リビングと洋室には床暖房を導入して足元からあたたかくなった。

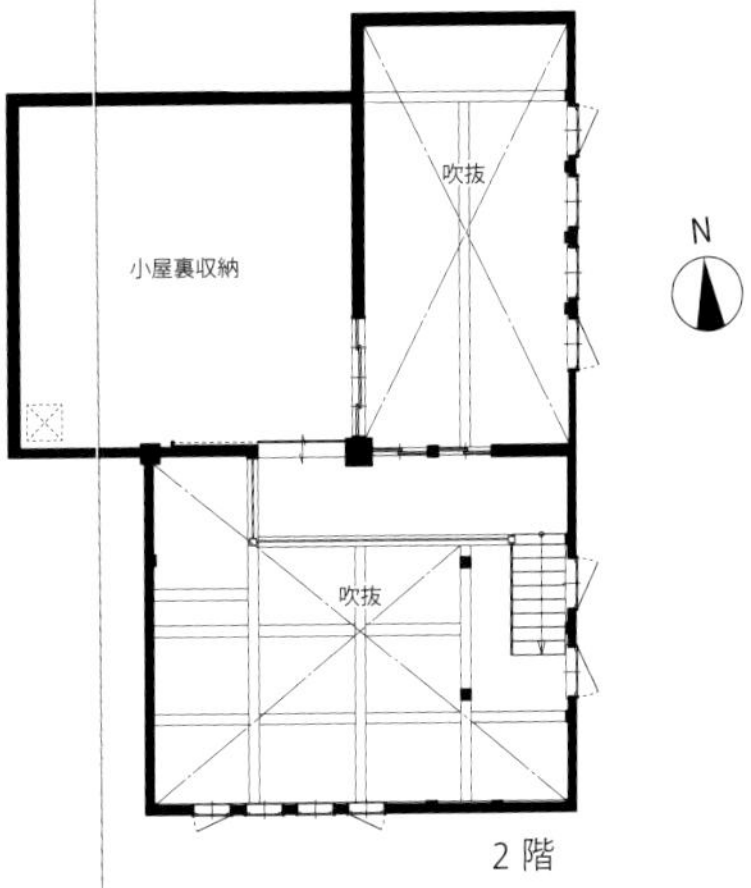

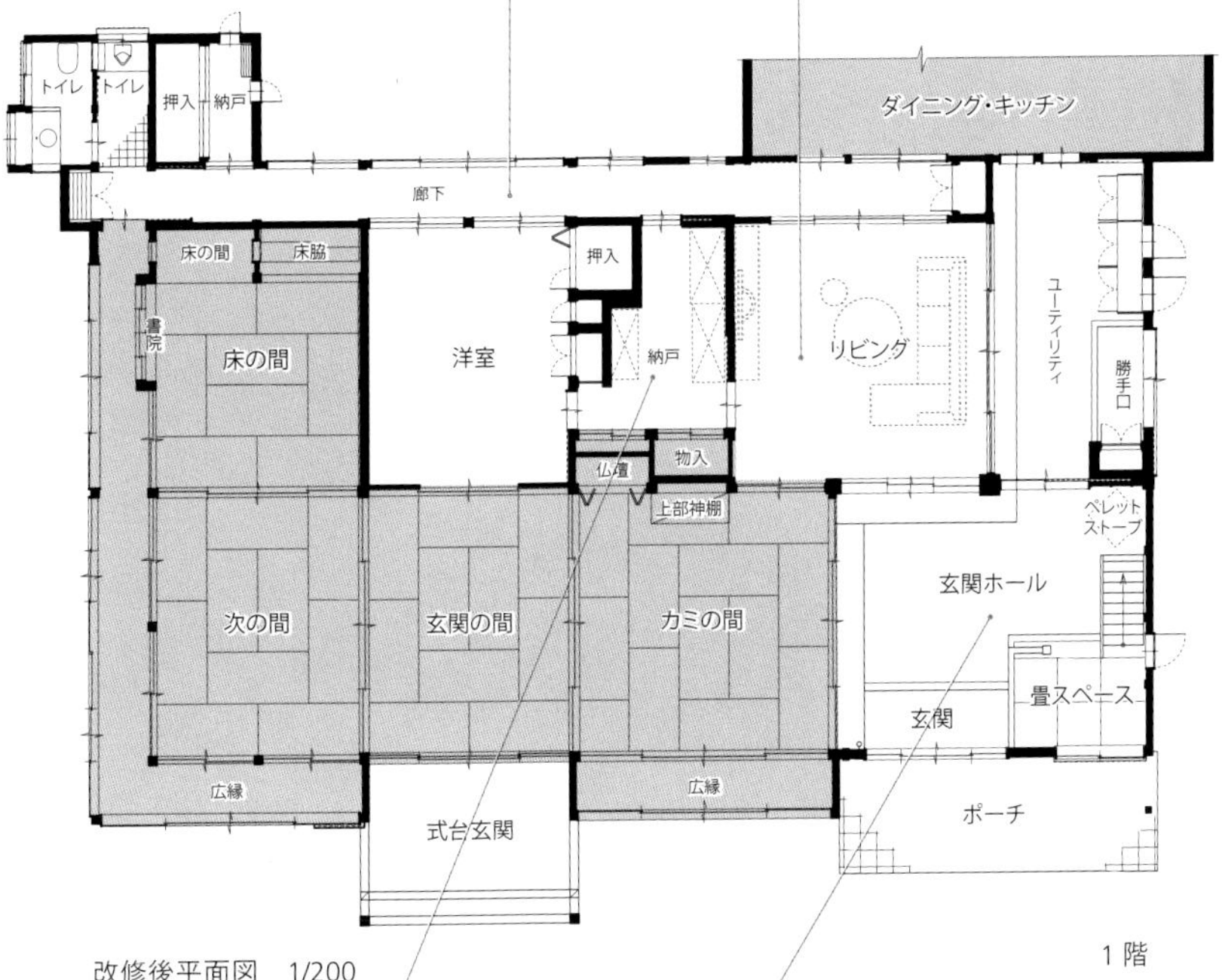

改修後平面図　1/200

洋室とリビングの間の6畳間を納戸に

寝室にしていた和室をフローリングの洋室にし、リビングとの間の6畳間にもともとにあったタンスを集めてどちら側からも使える納戸にした。収納が1カ所にまとまったことでスッキリした。

圧倒的迫力の大空間が自慢の玄関ホール

本来の間取りに戻し、二つの洋室を吹抜けの玄関ホールにしたことで､狭かった玄関が圧倒的迫力の大空間に生まれ変わった。ちょっとした接客ができるよう小上がりの畳スペースをしつらえ、冬の寒さ対策には床をサーモタイル仕上げとし、暖房には大空間でもあたためやすいペレットストーブを据えた。

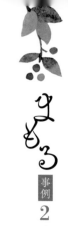

懐かしいのに効率的で使いやすい歳月が醸す風格を大事に引き継ぐ

群馬県　M邸

通り土間をこだわりの玄関に

廊下から玄関ホールを望む。もとは大きな土間玄関だったが、「家の顔として雰囲気のある空間に」というMさん夫妻の要望を形にした。壁は珪藻土《けいそうど》、床はオーク挽き板のなぐり調。既存のガラス戸と別棟から移設した照明が調和している。

Data

築後年数	約150年
改修面積	235.17㎡
施工期間	180日間

右／玄関のメインアクセントとして、既存の根太天井にあわせた色調の木製のスケルトン階段を新設。　左／家中のあちこちに段差があったが、今回のリフォームで床面を上がり框の高さで統一し、バリアフリー化した。

美しい階段で
魅せる玄関ホールが誕生。

和室二間をリビングダイニングに

リビングダイニングは玄関ホールと同じ珪藻土の壁とオークの床に。奥のダイニングでは、夏は写真のように低めのダイニングセット、冬は新設した掘りごたつと季節で使い分けている。

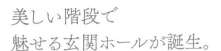

奥様の実家の建具も座敷に移設

右／1階の南西に位置するメインの座敷。天井と建具は既存のものを利用し、壁は塗り直した。　左上／曇りガラスに細かい組子が上品な障子は、取り壊した奥様の実家から移設したもの。リビングダイニングと座敷を区切る。　左下／奥座敷にも床の間を備えている。

　お父様が亡くなり、江戸後期に建てられた母屋が空き家になって3年あまり。同じ敷地のなかに建てた家で子育てを終えたMさん夫妻は、ご両親が元気だったころから懸案だった老朽化の進んだ母屋を再生して、そちらに移ることを決めた。M家の歴史を未来につなげるために、古い面影を残しながら安全で快適な家にしておこうと考えたからだ。いくつかのリフォーム会社に相談して選んだのは、考え方も実績も理想に近いと感じた住友林業ホームテックだった。

　新しくなった母屋は、最新の断熱や耐震補強を施しながら、外観はMさんの希望どおり建築当時の姿を再現。だが、玄関の引き戸を開けると、農家の大きな土間が、風格のある玄関ホールに生まれ変わっている。長い時を重ねてきた黒い根太天井、それにあわせて新設した美しいスケルトン階段を中心にしたこの空間を、「落ち着いた雰囲気で私も妻もとても気に入っています」とMさん。

　かつてのM邸は2階が養蚕《ようさん》室だったが、上からの寒気を断熱するために2階の床に断熱材を施工した。玄関ホールにはアクセントとなるスケルトン階段を設置。2階の一角にはお子さんが帰省したときのための部屋もつくった。

　また、四つ間の和室のうち二間をあわせてリビングダイニングに。ここでも根太天井や梁、柱と既存の建具を活かし、新しいのに長い歳月が醸し出す雰囲気にすっかりなじんだ空間になっている。

　玄関ホール正面奥、既存のガラス戸で仕切ったT字形の廊下は、リビングダイニングとトイレ、寝室をつなぎ、さらにキッチン、洗面所、浴室と水まわりを一直線に並べた裏動線にもつながっていて、家事の流れもスムーズだ。「願っていた以上に、懐かしくて使い勝手の良い家になりました。リフォームして本当に良かった」とご夫妻。母屋に、未来へ続く新しい時間が流れはじめた。

150年前の建物をスケルトンにして補強と断熱を施した。外壁はモルタルの塗り壁、屋根は軽量瓦にして、メンテナンス性と耐久性を向上させている。外壁に飾りの梁や柱を張り付けて建築時の姿を再現した。

リフォーム前の様子

上／広すぎて持てあましていた玄関土間。さらに左奥へ続いていた。
下／漆喰仕上げの外壁。屋根は鉄板。

機能的なプライベート空間

右／以前は土間玄関から出入りしていた洋室は、スペースを広げ寝室に。廊下側にドアを設け、トイレを寝室の近くに移動。　左／古いキッチンは減築。ダイニング、キッチン、勝手口、洗面とランドリー、浴室を直線で結んだ機能的な動線に。

動線の工夫で
家事の流れもスムーズ、
使い勝手の良い住まいに。

は未施工範囲

Before

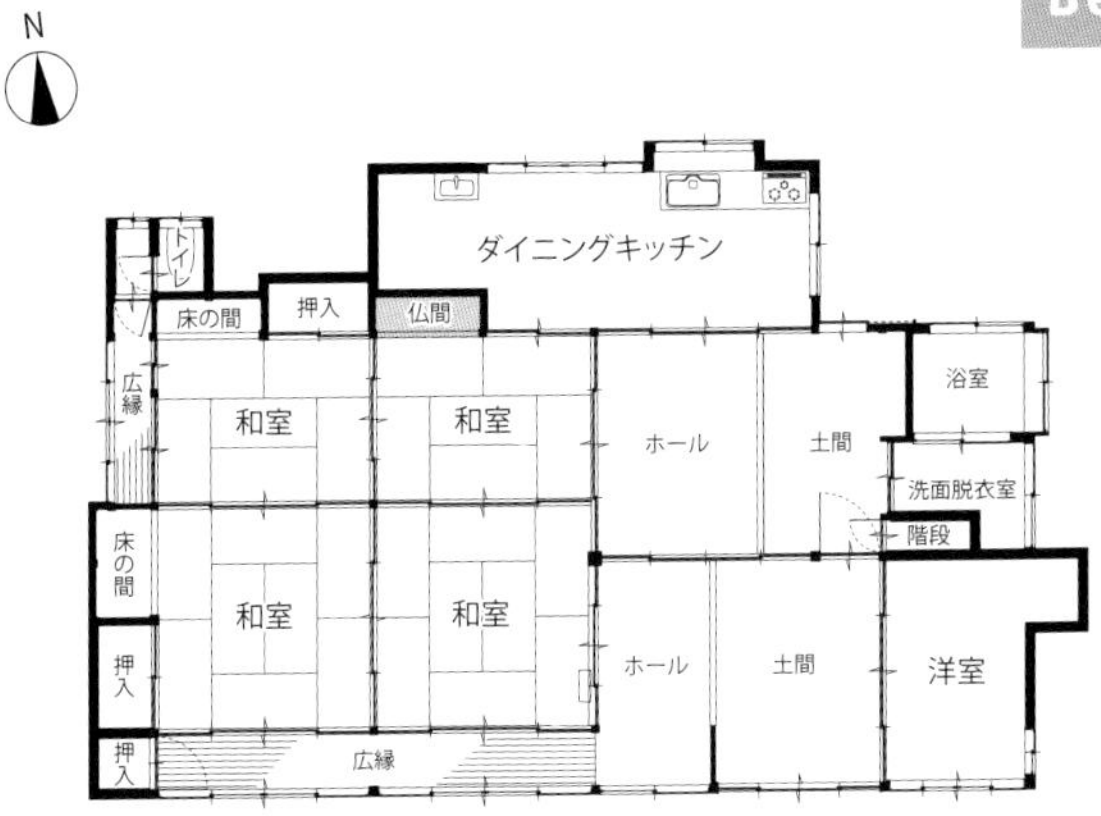

1階

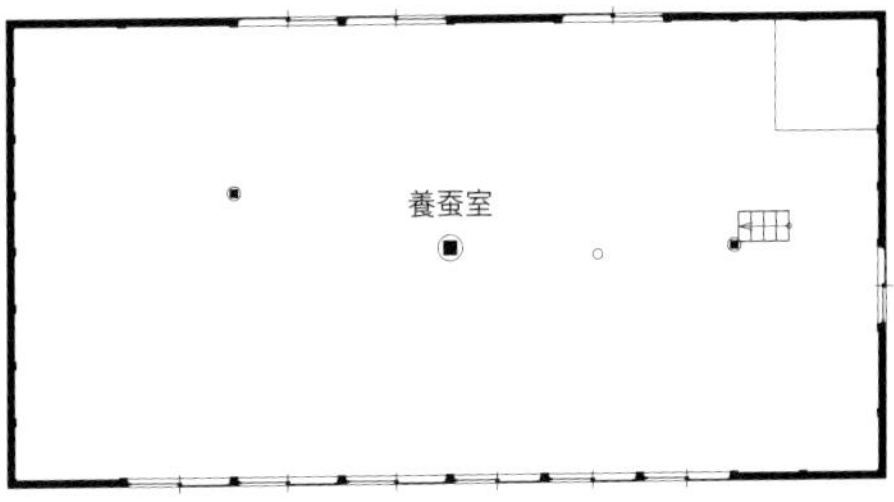

2階

改修前平面図 1/250

After

1階

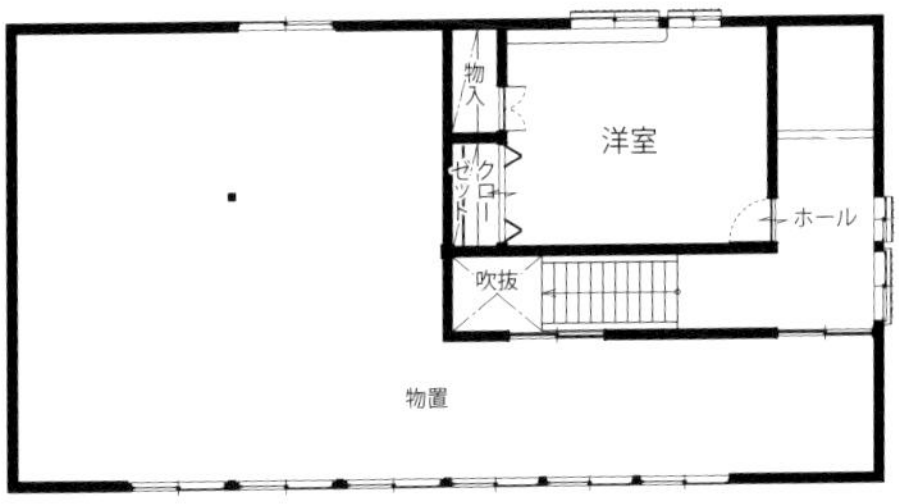

2階

改修後平面図 1/250

まもる
事例3

貴重な材を守り伝えながら未来につなぐ旧家の形

東京都足立区　N邸

やわらかさと軽やかさを備えた玄関ホール

上／改修前は約13畳の広い玄関ホールだったが、壁で仕切って奥を主寝室にした。壁を猪《い》の目《め》形に開けてはめた障子が、玄関ホールにやわらかい空気を生んでいる。　下／重厚な柱、梁、建具と、モダンなスケルトンのスチール階段が絶妙なバランス。

Data

築後年数	約160年
改修面積	219.99㎡
施工期間	250日間

リビングダイニングの大きな空間をわたる梁の美しさ

かつて式台玄関から賓客を迎えた二つの座敷を一つにして、吹抜けのリビングダイニングに。交差する梁が目を奪う。

椅子座のリビングダイニングに不思議と床の間が調和する。

上／リビングダイニングに床の間を残しつつ、床脇の壁に障子を新設して明るい印象に。　下／家具はほぼ既存のもの。右手のローテーブルは今回Nさんが選んだ無垢の厚板であつらえたという。

建築時からの木部がそのまま残る

右／厨子《つし》二階の虫籠《むしこ》窓は吹抜けのリビングダイニングの明かり取り窓に。　左／外観。外壁の木部に洗いをかけた程度で、土台、柱などにも傷みがほとんどなかったという。右端にある式台玄関は、以前のリフォームで掃出し窓に変えている。

160年という歳月が宿る茶の間

唯一残した和室は玄関の脇にある茶の間。掘りごたつと仏壇のあるN家代々の団欒の場だ。

「母が家をとても大事にする人で、子どものころは掃除をしっかり教えられました」とご主人のNさん。いまでも磨くという茶の間のヒノキの天井は、文字どおりぴかぴかに光っている。

　およそ160年前、幕末期に建てられたというN邸には、尾張藩が厳格に管理していた樹齢300年以上の木曽檜《ひのき》（尾州《びしゅう》檜）をはじめ、いまではとても手に入らない貴重な材がふんだんに使われている。N家ではその価値を代々伝え、大切に守ってきた。今回、約30年ぶりという大リフォームをNさんが決心したのは、同じ敷地に暮らすご長男家族がこの家を引き継ぐときに備えて、時代を超えて守るべきものと時代にあわせて更新していくものを整理しておきたいと考えたからだという。

　リフォーム会社は住友林業ホームテックに決めていた。「旧家再生のエキスパートという大きな信頼感があったので他社に相談することは考えませんでしたね」とNさん。

　既存の梁、柱を抜かず、建具をできる限り活かしたいという要望に対して、担当者の提案は、式台玄関に続く二つの座敷と広縁を一つにして、吹抜けのリビングダイニングにしつつ、床の間と床脇はそのまま残すというもの。旧家らしい立派な梁が姿を現し、いままであまり使っていなかった座敷が、生活のメインの場として広々と明るく生まれ変わった。

　一方、唯一残した和室の茶の間は柱の傷までそのままにして、東側の広縁の床に使われていた尾州檜をこちらの広縁に移している。また、サッシはすべて複層ガラスにし、玄関と和室以外には床暖房を入れて、あたたかく過ごせるようにした。

「冬のつらい寒さがなくなって、家中どこにいても快適になりました」とNさん。息子さん家族がこの家で過ごす時間も、自然に長くなっているそうだ。

時を超えて大切にされる部材

右上／茶の間に面する広縁の床は尾《び》州《しゅう》檜《ひのき》。座敷二間の広縁に使われていたものを移設した。それ以外は手を加えず、柱の傷までそのまま残している。　右下／数年前にNさんが職人につくらせたケヤキのガラス板戸。鏡板は一枚板の貴重なもの。　左／建築当時からのヒノキの根太天井は、磨き込まれて光っている。

リフォーム前の様子

右／奥座敷の床の間。書院には鳳凰の見事な彫刻欄間が施されていた。
左／写真右手が式台玄関で、雪見障子の外側は雨戸になっていた。

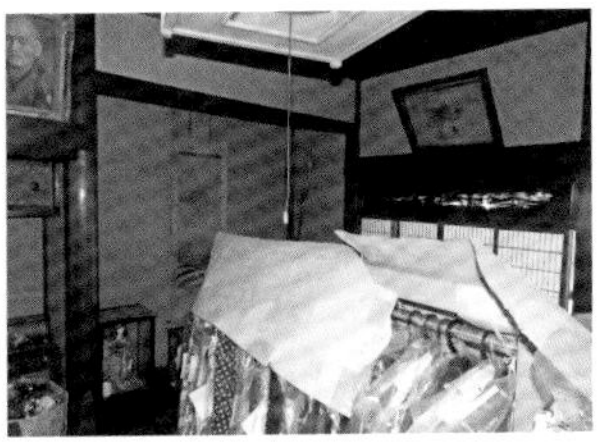

根太天井だった部分の小屋裏収納。長年N邸を支えてきた木組みが見事だ。

は未施工範囲

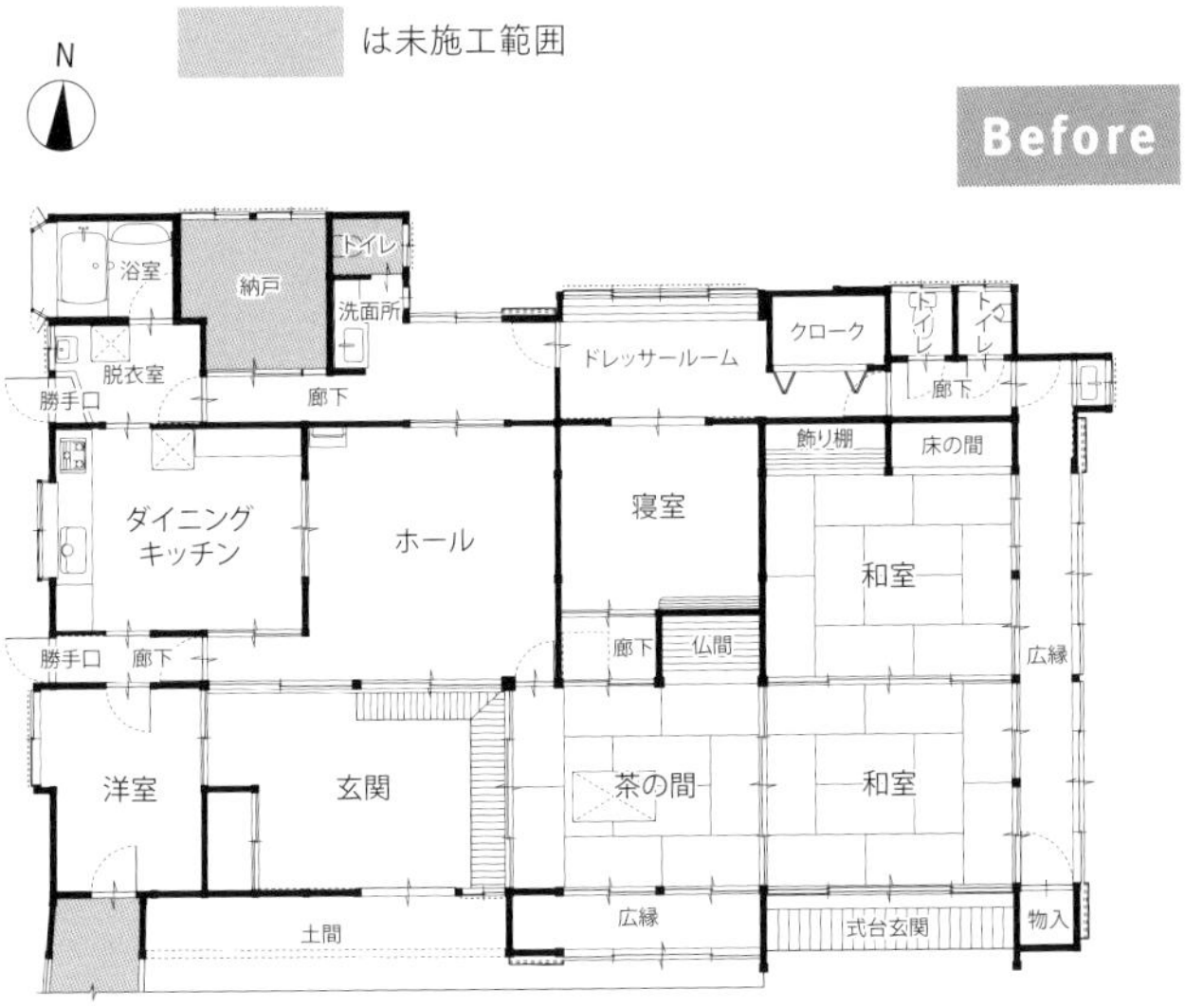

改修前平面図 1/250

1階

2階

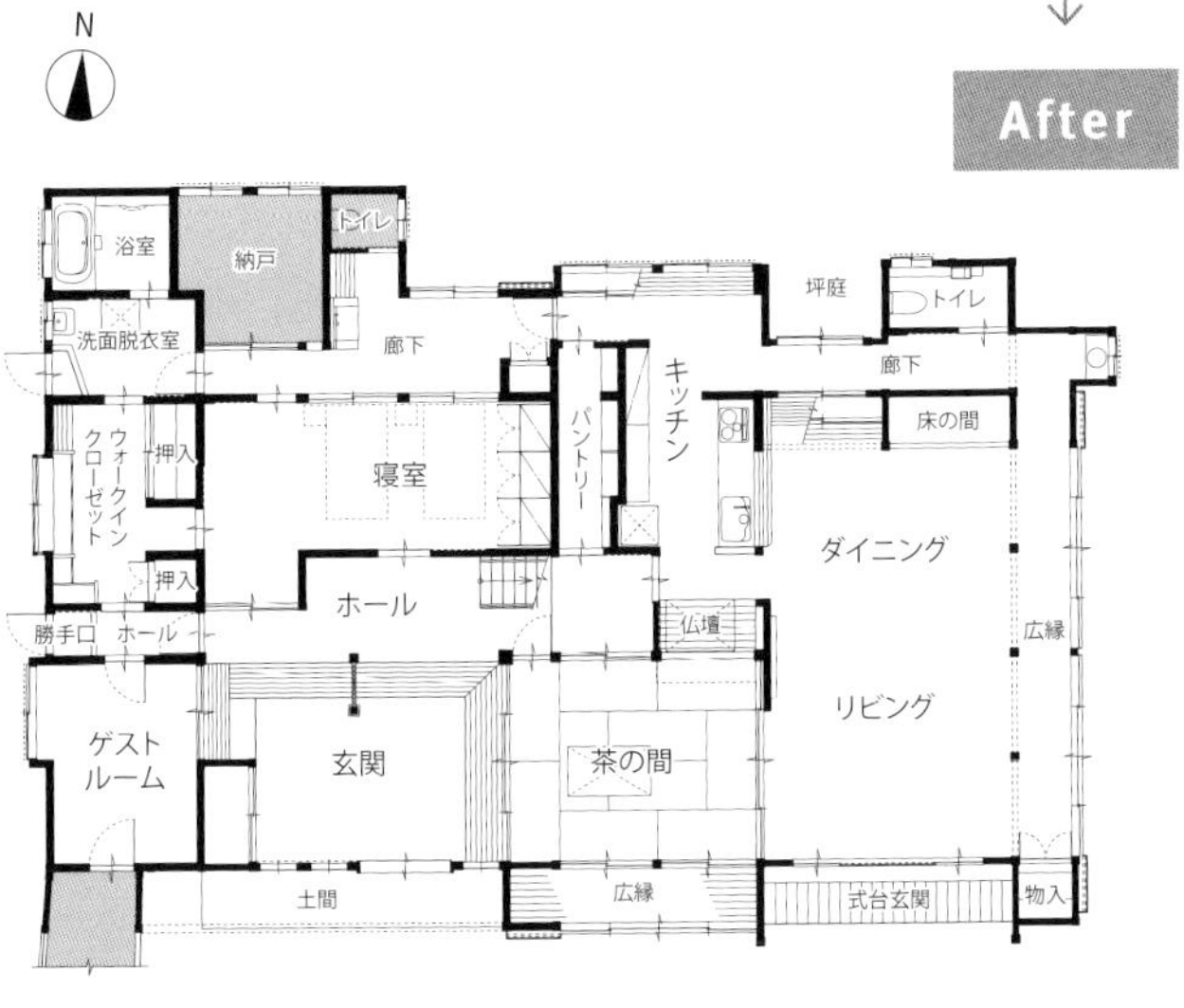

改修後平面図 1/250

1階

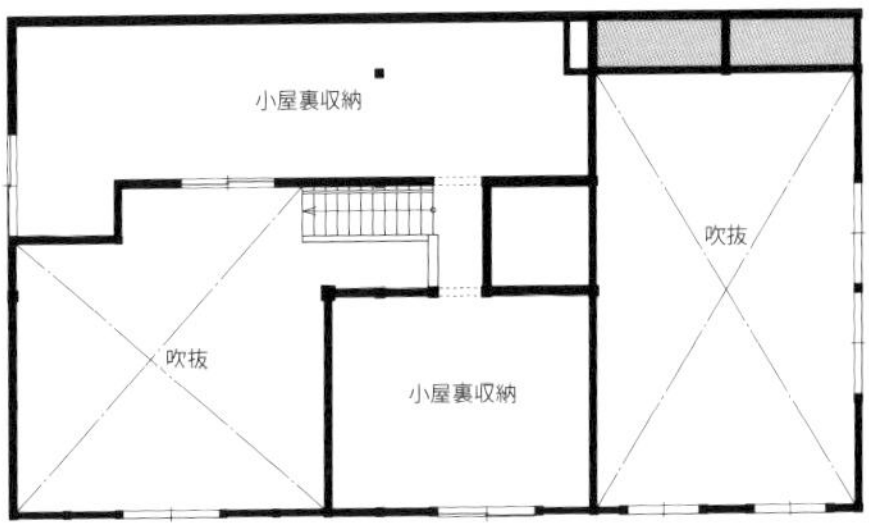

2階

減築で旧家の面影を取り戻しつつ先を見越した手入れしやすい住まいに

静岡県浜松市　Ｈ邸

**建築当初の品格が
よみがえった外観**

上／度重なる増築によって面変わりしていたＨ邸だが、最新の素材を使いながら改修し、品格のある美しい旧家の趣を取り戻した。　中／玄関ホール。大黒柱や力強い梁、建具の重厚感が、正面奥に広がる吹抜けの明るさと絶妙にバランスしている。　下／床の間、柾目板の竿縁天井、黒漆《くろうるし》框の帯戸など、奥座敷は建築時そのままに修復。

Data

築後年数	約 100 年
改修面積	225.64㎡
施工期間	330 日間

全体の3分の1を減築し、2階に家族それぞれの居室を。

「最初は建て替えようと思っていたんです」とご主人のHさんは話した。およそ築100年のH邸は冬の寒さが厳しく、東日本大震災以降は耐震性にも大きな不安を感じていた。壊して新築すれば問題は一気に解決するが、やはり生まれ育った家は残したい。迷った末にリフォームを選択し、旧家再生の豊富な実績と地元に支店がある安心感から住友林業ホームテックに依頼した。

リフォームにあたってHさんが最もこだわったのは外観だった。かつてH家は繊維工場を営み、工員さんの住み込み部屋や打ちあわせスペースなどの増築を重ねるうちに、すっかり面変わりしてしまったことを残念に思っていたからだ。不要となった部分を減築し、旧家らしい面影を取り戻したい。Hさんの思いを受け、住友林業ホームテックの担当者は80年前の外観写真をもとにデザインを練り上げた。さらにメンテナンス性を考慮し、外壁は白壁部を耐久性のあるシーサンドコートにし、一部が板張りに見えるようにガルバリウム鋼板を張った。付け柱にはサイディングを採用、屋根は軽量で丈夫なハイブリッド瓦、と新しい建材を巧みに組みあわせて要望に応えた。「思っていたとおりの美しい旧家の趣になりました」とHさんはとても満足そうだ。

懸案だった地震対策と冬の寒さ対策も、耐震工事とともに断熱材を入れ、気密性の高いサッシに変え、ダイニングキッチンには床暖房を設置。「家がとてもあたたかくなって本当に助かっています」とご夫妻は口を揃える。また、キッチン、ランドリー、浴室を一直線に並べ、適所に収納を設けたことで、「家事がしやすく自然に片付く家になったんですよ」と奥様が嬉しそうに話してくれた。2階に家族一人ひとりの居室を設けたのも大きな変化だ。家族がお互いを尊重しあいながら心地よい暮らしが積み重なっていくことだろう。

二つの座敷と北側の広縁を大きなLDKに

上／以前は玄関ホールの左手は田の字形の四つ間の座敷だったが、今回のリフォームで西側の座敷と床の間は残し、玄関側の二間はフローリングのリビングダイニングに。　中／リビングと座敷の間の建具は、夏は写真のように透かし彫りが洒落ている葭戸《よしど》、冬は黒漆框の帯戸と季節ごとに使い分けてきた。　下／畳からフローリングに変わっても、リビングダイニングの根太天井は以前のまま。ダイニングキッチンは床暖房で足元からあたたかく。

リフォーム前の様子

右／幸いにも残っていた 80 年前の外観写真。この 1 枚を元に外観デザインを煮詰めていった。　左／リフォーム直前の外観。時代に応じて必要な部屋を増築してきたために、建築当初の堂々とした美しさが損なわれていた。

小屋組みを現して天井高を確保

2 階部分は小屋組みを現しにして天井高を確保し、奥様の部屋は洋室、ご主人の部屋は和室と、家族思い思いの居室を設けた。

Before

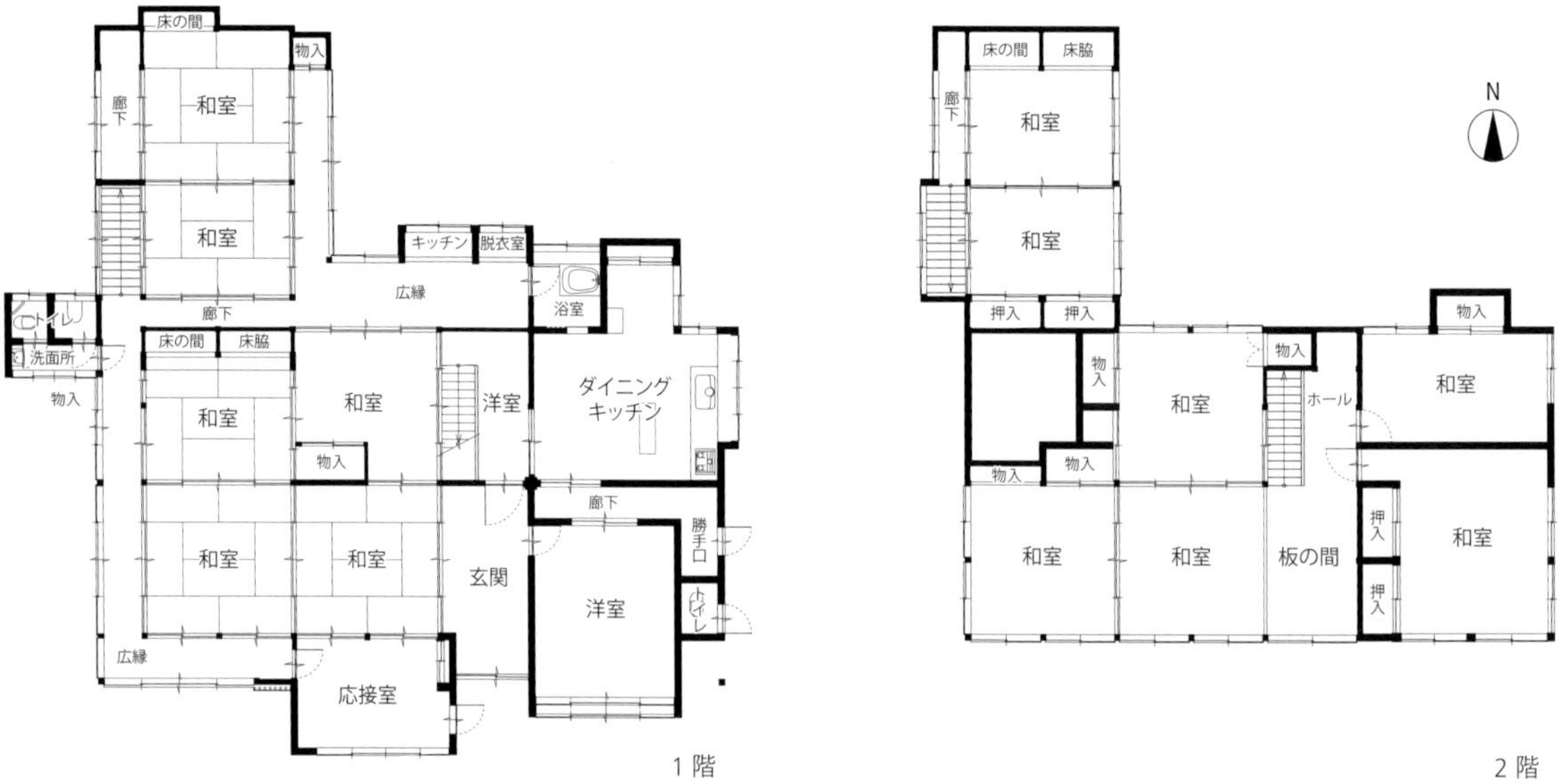

1 階

2 階

改修前平面図 1/250

↓

After

1 階

2 階

改修後平面図 1/250

旧家リフォーム事例

つなぐ

つなぐ

事例 5

古建築研究家 中山章さんと拝見

先祖が残した足跡をきちんと整理して次代へつなぐ

兵庫県加古郡 U邸

Data

築後年数	母屋約 160 年 離れ 約 90 年
改修面積	381.71㎡
施工期間	195 日間

大きな神棚のある「みせ」と栂《とが》普《ぶ》請《しん》の客間

米屋を営んでいたU家、かつて「みせ」と呼ばれて帳場だった座敷には、扉が11枚もある立派な神棚が鎮座する。奥の座敷は栂普請による正式な客間。栂はヒノキに並ぶ高級材で関西を中心に数寄屋風書院に多く用いられた。床脇には仏壇を安置。

母屋の座敷の釘隠は、魔除けと浄化の力を持つという桃の実を意匠に。

「この離れは床の間も障子の腰板も広縁も、
どこもかしこも選び抜かれた
良い材が使われていますね」（中山）

昭和初期に増築された、離れの座敷

右／江戸末期に建てられた母屋から、昭和初期につくられた離れ座敷へと続く長い廊下。片流れの天井が印象的だ。

下／新たに炉を切った座敷。母屋の座敷に比べ、時代が新しいため天井が高く、釘隠も不要に。障子の腰板にはスギの銘木が一枚板で用いられ、天井板は柾目ですっきりとまとめられている。

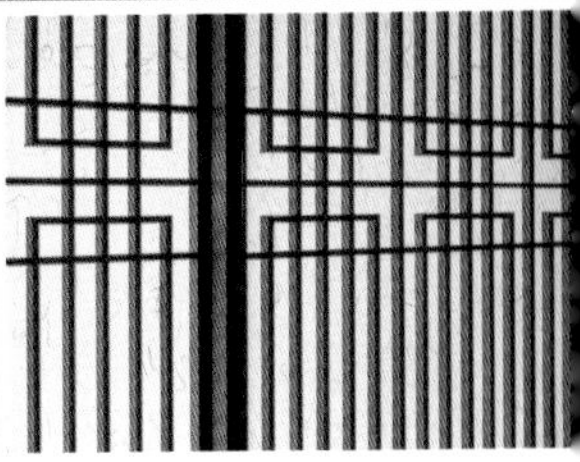

上／離れ座敷の床の間は床・棚・書院による正式な構え。床柱は槐《えんじゅ》丸彫、床框は黒檀、床と棚をつなぐ地板はケヤキ玉杢《たまもく》の一枚板。中2点／細かい手仕事が見事な書院の障子組子。　下／庭から離れ座敷を望む。黒っぽい広縁はマツの柾目で無節の長尺板。「これは大変貴重な材ですよ」と中山さん。黒くなっているのは長年の手入れのたまものだそうだ。

離れの前室から座敷を望む

上／シンプルな襖に囲まれた前室の天井は、座敷と対照的な板目が美しい。　中／前室と座敷の間の欄間。厚さ3センチに満たないにもかかわらず深い山の峰々を思わせる立体感が見事だ。　下／こちらは険しい山々の遠くに霞む富士山を描いた欄間額。海沿いの村では山への憧れがあったのかもしれない。

「このお宅の原型は田の字形の農家に見えますが、実は商家の町家づくりです。家業の発展とともに無駄なく増築されていますね」（中山）

幕末期に建てられた母屋と内蔵、米倉、それに昭和初期に増築された離れを持つU邸。ご主人によると「私が子どものころは100メートルも行くと海で、この辺りは水田が広がっていました」。今では臨海工業地帯ができて海は遠くなり、田んぼは宅地化、U邸と同じような旧家も建て替えが進むなかで、Uさんは若いときから「いつかこの家に帰ってくるものだ」と思ってきたという。

大学時代に実家を離れ40年以上も県外で生活してきたが、数年前にお父様が亡くなり空き家になってしまったため、定年退職を機に帰ることを決めた。奥様は、住み慣れた地を離れることに対して「主人の長年の願いですし、私も古い家が大好きで、以前から住友林業ホームテックさんのウェブサイトで旧家再生のページを見るのが楽しみなくらいでしたから」と迷いはなかったそうだ。

リフォームにあたってUさんの要望は、第一に安全性と快適性の向上、第二に先祖が大事にしてきた母屋と離れの座敷の修復、第三に旧家らしさを活かした大胆な設計だった。リフォーム会社のなかで大手3社に見積りを依頼、それぞれに特色のある魅力的な提案だったが、旧家再生の実績の多さ

商売繁盛を願い、恵比須さんと大黒さんが門を守る

上／U邸全景。門塀の両脇には大黒さんと恵比須さんが。　下右／門の脇の米倉。　下左／Uさんご夫妻。「あなたの願いだから」と、住み慣れた土地を離れてついてきてくれた奥様に深く感謝しているとご主人。

から住友林業ホームテックに依頼することにしたという。

　実際に解体工事が始まってみると、土台や柱が激しく傷んでいたり、以前の改築時に梁を切断していたことがわかったりと予想外のこともあったが、担当者、大工との密なコミュニケーションのおかげで非常に安心感があったとUさん。細かい間取りやデザインなどは奥様の要望をもとにして、センスの良い使いやすい生活空間に生まれ変わった。

　U邸を拝見した古建築研究家の中山章さんは、「このお宅の原形は四つ間取りに土間という農家のようですが、巨大な神棚が鎮座する座敷や使用人さんたちが生活していた厨子《つし》二階があり、夜ははしごを外して階下と分断する仕組みなど、実は商家のつくりですね」と指摘。するとUさんは「先祖は米屋で、神棚の部屋は私が子どものころでも『みせ』と呼んでいました」と話してくれた。中山さんによると、U邸は米の扱い高が増え、使用人が増えるにつれて敷地いっぱいまで増築し、母屋部分も

内蔵につなげ、さらに昭和の初めごろには良材を用いた離れ座敷がしつらえられていて、「御一族の発展の足跡が刻まれていますね」。
　中山さんの話に熱心に耳を傾けるUさんは、このリフォームをきっかけに今まで手付かずだった内蔵と米倉、母屋の納戸の整理に取りかかっているのだそうだ。桐の箱に入った掛け軸や煎茶道具から、布団や座布団が詰まったいくつもの長持《ながもち》、奥の奥からは嫁入り用と思われる駕籠《かご》まで出てきた。古文書などは、町の教育委員会に寄付したところ目録が厚さ10センチにもなったという。
「最初はごっそり捨ててしまおうかとも思ったんですが、家だけで

解体すると、リビング上部の梁が切断されていたことが判明。新材を丸太に加工し、古色を付けて復元、上写真のような姿がよみがえった。

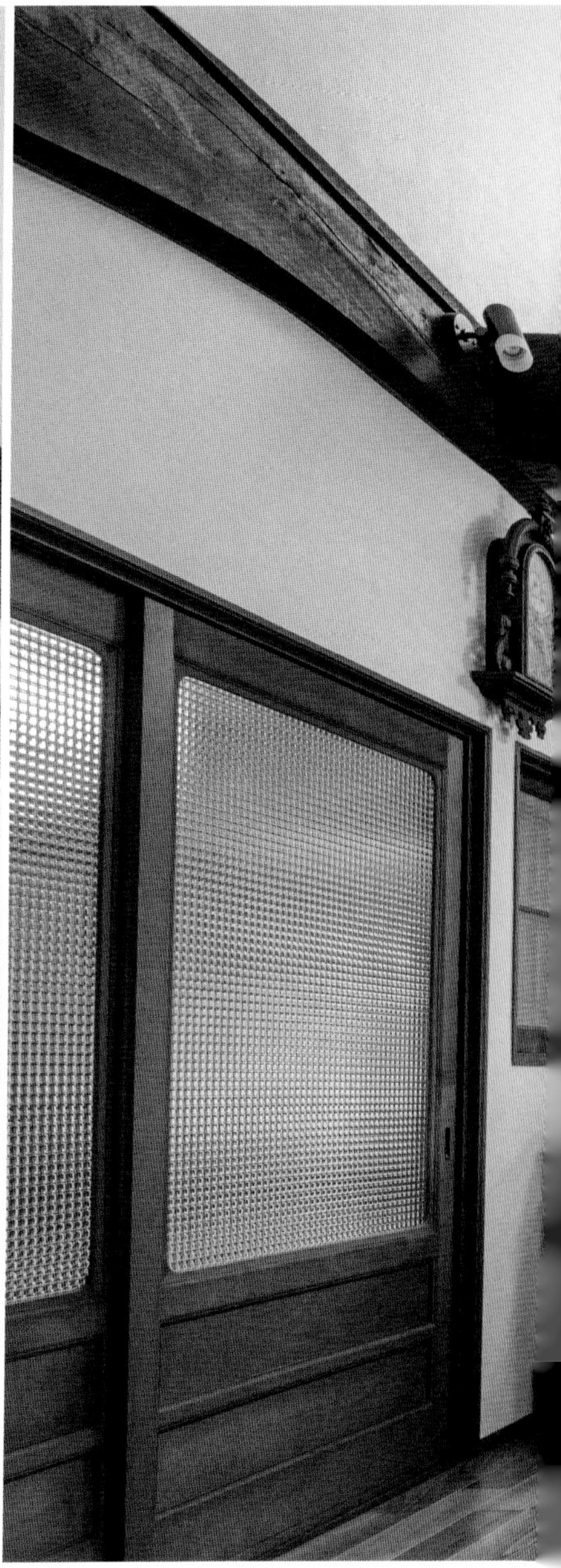

梁を現しにした吹抜けのリビング

右／復元された大梁の現しがおおらかな力強さを感じさせるリビング。　左上／中央の十字に組まれた梁が、新しい材を加工したもの。既存の材との違いはまったくわからない。　左中／奥様こだわりの使い勝手の良いダイニングキッチン。　左下／北庭の名残の小さな空間を、洗濯物が干せる中庭にしたおかげで、リビングにも光が入り明るい。

なく先祖の足跡をきちんと整理して次代に渡すのが私の務めかなと思うようになりました」とUさん。そんな思いが通じたのか、滋賀に家を建てた息子さんも、リタイア後にはここに帰ってくると言ってくれているそうだ。

厨子《つし》二階を書斎兼納戸に

かつて使用人たちが寝泊まりし、その後は長く物置になっていた厨子二階は、書斎兼納戸に生まれ変わった。制震ダンパーを入れるために壁を新設している。

「時代に応じて
合理的に変える部分と
大事に残していく部分のバランスが、
とても良い家だと思います」（中山）

解体時、屋根裏に納められていた象頭山金光院（四国香川金刀比羅宮）の家内安全の祈祷札が出てきた。「安政七年（1860 年）閏三月吉日」と書かれている。

優雅で品格のある屋根と庭

上／離れから母屋を見る。厨子二階の虫籠《むしこ》窓に町家の風情が残る。　下右／母屋の屋根は妻側を見ると、「起《むく》り」という緩やかなふくらみをもたせてある。また軒先がわずかに上に反っていることで優美さに品格が添えられている。　下左／離れの座敷から庭を望む。庭石に混ざってユーモラスな表情の大きな恵比須さんが。

CHECK POINTS ここが不満だった

- 土台が傷んできていて、大きな地震に耐えられるか不安だった。
- 隙間風がひどく、冬はとにかく寒さがこたえた。
- 母屋の真ん中の座敷は昼間でも暗かった。
- 段差が多く、動線が悪くて使いにくかった。
- トイレは 2 カ所あるが、寝室から遠くて不便だった。
- 母屋、離れの床の間、座敷が傷んでいたので、直したかった。
- 内蔵、2 階の納戸に代々の先祖が残した荷物がぎっしり入っていた。

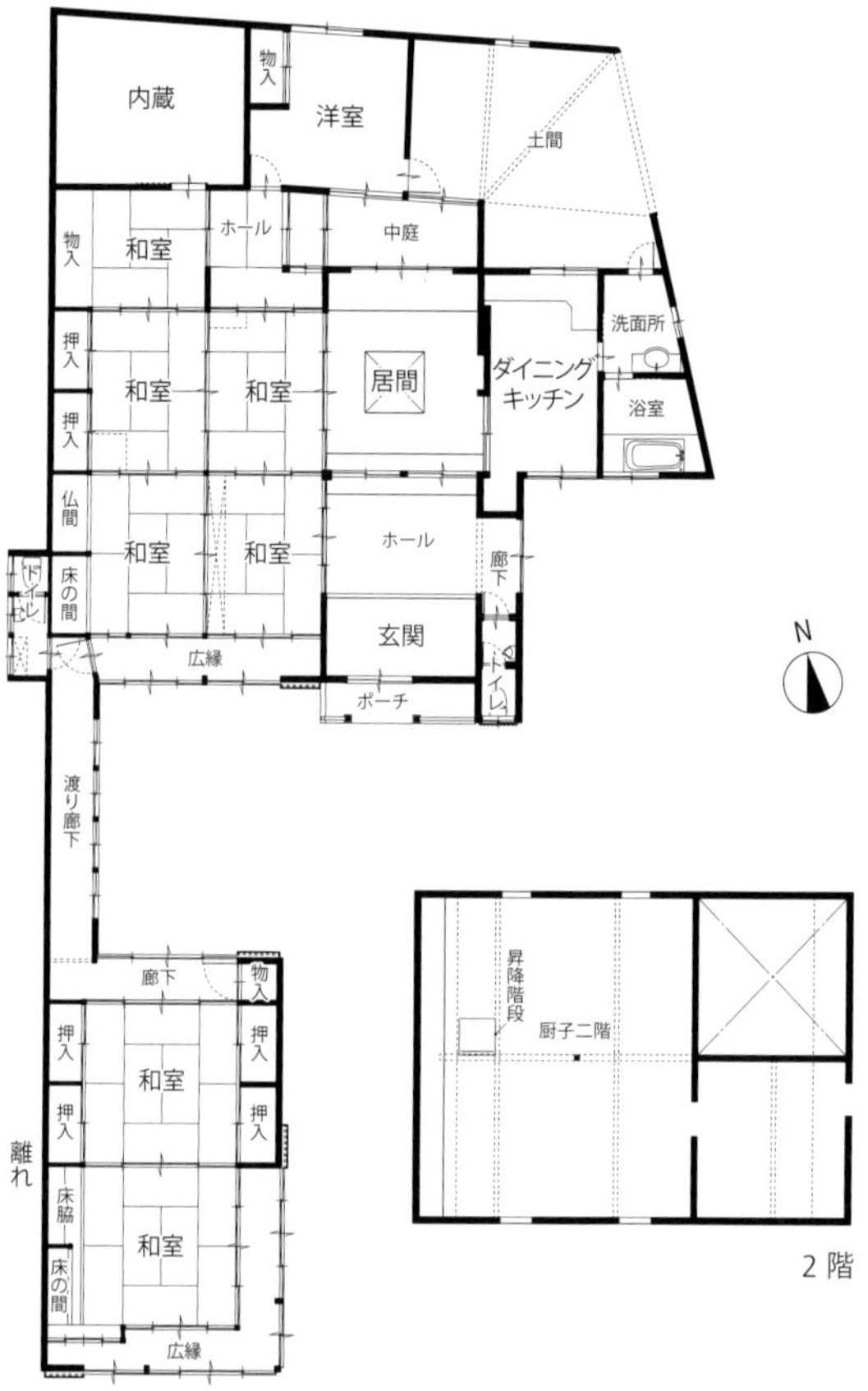

改修前平面図　1/300　　1 階

リフォーム前の様子

右／予想以上に土台の傷みが激しい箇所があった。　中／母屋の田の字形の和室。右手奥に 2 階へ上がるはしご段が見える。　左／2 階。畳下の床板は 1 階の根太天井を兼ねている。

CHECK POINTS 改善されて快適になった点

旧家にあわせ制震工法で安全な家に

土台や柱の傷んだ箇所を取り替えるとともに、住友林業ホームテックオリジナルの旧家の特質を活かした制震工法によって、安心安全な住まいに生まれ変わった。

水まわりの動線が良くなった

寝室に近い北側にトイレ、洗面化粧室、浴室を設けた。廊下をはさんだ中庭を物干し場にしたので、動線が格段に良くなった。

厳冬でも快適な家に

外壁は土壁の外側に薄い断熱材を入れて、天井、床にも断熱材を施し、サッシは複層ガラスに。天井の高いリビングダイニングは床暖房を入れたので、冬が本当に楽になった。

いびつな地形を活かし、キッチンにパントリーを設けた

開放感のあるアイランドキッチンには、背面の収納に加え、敷地ギリギリまで増築されていた斜めのスペースを活用しパントリー(食品庫)を設けた。物があふれることなくいつでもすっきりしたキッチンに。

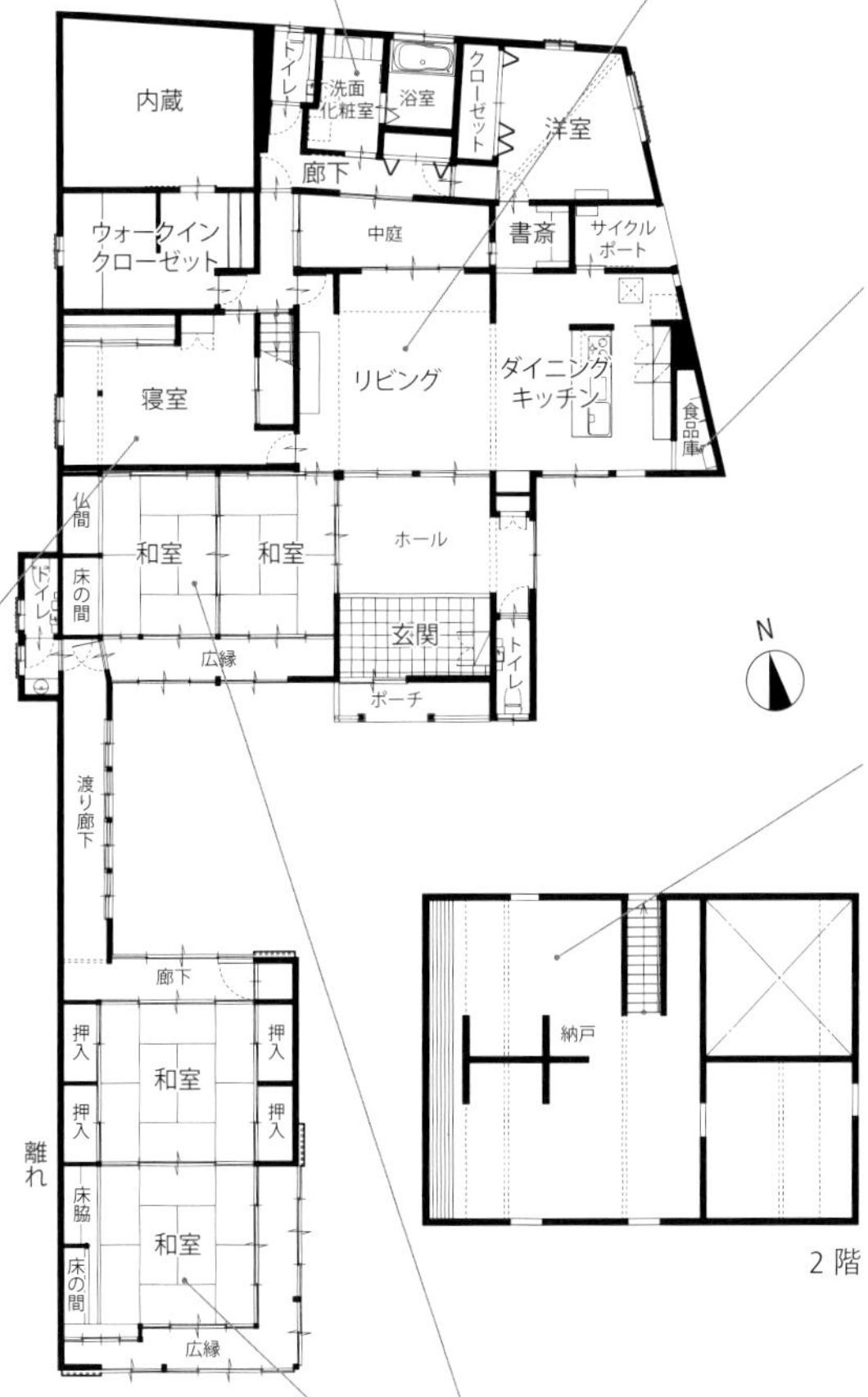

改修後平面図　1/300　　1階

先祖代々が残した足跡を整理

内蔵や納戸、米倉に詰め込まれていたものをすべて出して、2階に掛け軸や煎茶道具など骨董品を整理するスペースと書斎を設けた。

和室をベッドの置ける洋室に

寝室は和室から洋室にして、和室との間に壁を新設したことで、二間の和室が見事に保存された。和室の襖は残し、奥行き感を演出している。

先祖が大切にしてきた床の間と座敷を修復

約160年前の母屋の和室と約90年前の離れの和室は、傷んでいる部材を取り替え、壁は塗り直し、洗いをかけてていねいに修復した。

つなぐ
事例 6

大正時代の陸軍司令官官舎を別荘に まずは一部再生という選択

大分県　O邸

Data

築後年数	約 100 年
改修面積	197.68㎡
施工期間	165 日間

木製のガラス戸、洒落た建具など、
大正建築ならではのモダンな魅力を
できる限り引き継ぐ。

**和室を一つ残して
リビングダイニングに**

二間続きの和室だったが、６畳の床の間を残して広縁、廊下まで同じフローリングのリビングダイニングに。既存の木部の色になじむように、フローリング材はウォルナットを選んだ。

郷里の代わりになる別荘を探して
出会ったのは、
築100年の洋館付き大正建築だった。

上／既存のガラス戸を活かすために外側に新しいサッシとシャッターを取り付けた。外壁は従来どおりスギの下見板張りに。　下右／ガラス戸の框は老朽化で隙間風がひどかったが、独特の歪みが風情を醸し出す当時の板ガラスは幸いにも無事残っていた。　下左／和室の壁と畳は新しくしたが、収納部分の障子、引き出し、開き扉は既存のまま。

新旧の建材が違和感なく調和

右／トイレ脇の手洗いスペース。モダンな窓の桟にあわせてモザイクタイルの手洗いボウルを新設した。こちらも既存窓の外にサッシを新設。　左／玄関から室内を望む。障子欄間は残したが、下の建具を外したことで窓の向こうまで視界が広がる。

ともに都会育ちのOさん夫妻。長期休暇に豊かな自然を楽しみながらのんびり過ごせる場として、別荘を持とうと考えた。そして選んだのが海を望む丘の上に立つ築１００年の旧家。大正時代、大分県に建てられた旧陸軍司令官の官舎だ。建物の正面は洋館建築で、入ると暖炉のある応接室、それに来客用の座敷が二間、奥には家族の住まいが続いている。歳月による傷みは激しかったけれど、Oさん夫妻は和洋折衷のモダンな大正建築に魅了されて購入を決め、住友林業ホームテックにリフォームを依頼した。

夫妻の要望は「できる限り現状を維持しつつ、耐震や制震もしっかりやってほしい」というものだったが、これだけの建物を一気に修復するとなると非常に大がかりな工事となってしまう。そこで、まずは建物裏側の家族の住まいの部分に手を入れることに。施工部分をスケルトンにして制震ダンパーの設置や耐震補強を行い、断熱材を入れて床、壁、屋根をやり直す。既存の梁や柱、天井は手を付けず、独特の味わいのある歪んだガラス戸は外側にサッシや雨戸を取り付けることで断熱性、気密性、防犯性を高めた。間取りは既存の形をできるだけ活かしながら、二間続きの和室のうち床の間のある方を残し、もう1室は広縁や廊下まで同じフローリングのリビングダイニングに。浴室はシャワーのみにしてキッチンを広げ、使いやすい空間に仕上げた。

「最初、リフォームを地元の大工さんに相談したのですが、私たちがふだんは兵庫にいることもあってなかなか話が進まず、全国展開している住友林業ホームテックさんに資料請求しました。設計は阪神支店の方が担当してくれましたが、遠方にもかかわらずていねいな設計とわかりやすい提案で、大変ありがたかったです。工事中のトラブルもしっかり対応してもらえて安心でした」とOさん夫妻。後になってこの建物が大分県建築士会から「朽ちさせるには惜しい」と注目されていたと知り、「大事に守っていきたい」と国登録有形文化財に申請したそうだ。

和洋折衷のモダンな意匠が随所に

上／詰んだ細い材が宙に浮いているように見える筬《おさ》欄《らん》間《ま》。　下右／立体的なモチーフの玄関の腰壁は従来のものを再現して張り直した。　下左／元は広縁だった部分の天井付近。勾配天井と欄間の斜めのラインの取りあわせが、いかにも和洋折衷で楽しい。

水まわりは使いやすく

上／独立したキッチンだったが、リビングダイニングに向かって対面するようにシステムキッチンを配置。　下／大きかった浴室を洗面所とシャワー室に変更し、勝手口の位置をずらすなどしてキッチンスペースを広くした。

旧陸軍司令官官舎の東面。来客用のエントランスポーチを備えた洋館に、座敷のある日本家屋が連なっている。今回は建物裏側の住まいのスペースをリフォーム。

リフォーム前の様子

上／一度スケルトンにして、傷んだ箇所などを取り替えてから制震・耐震補強して、断熱材を入れた。　下／今回は手を入れなかった接客用の座敷。こちらは書院と床脇を備えた立派な床の間がしつらえられている。

Before

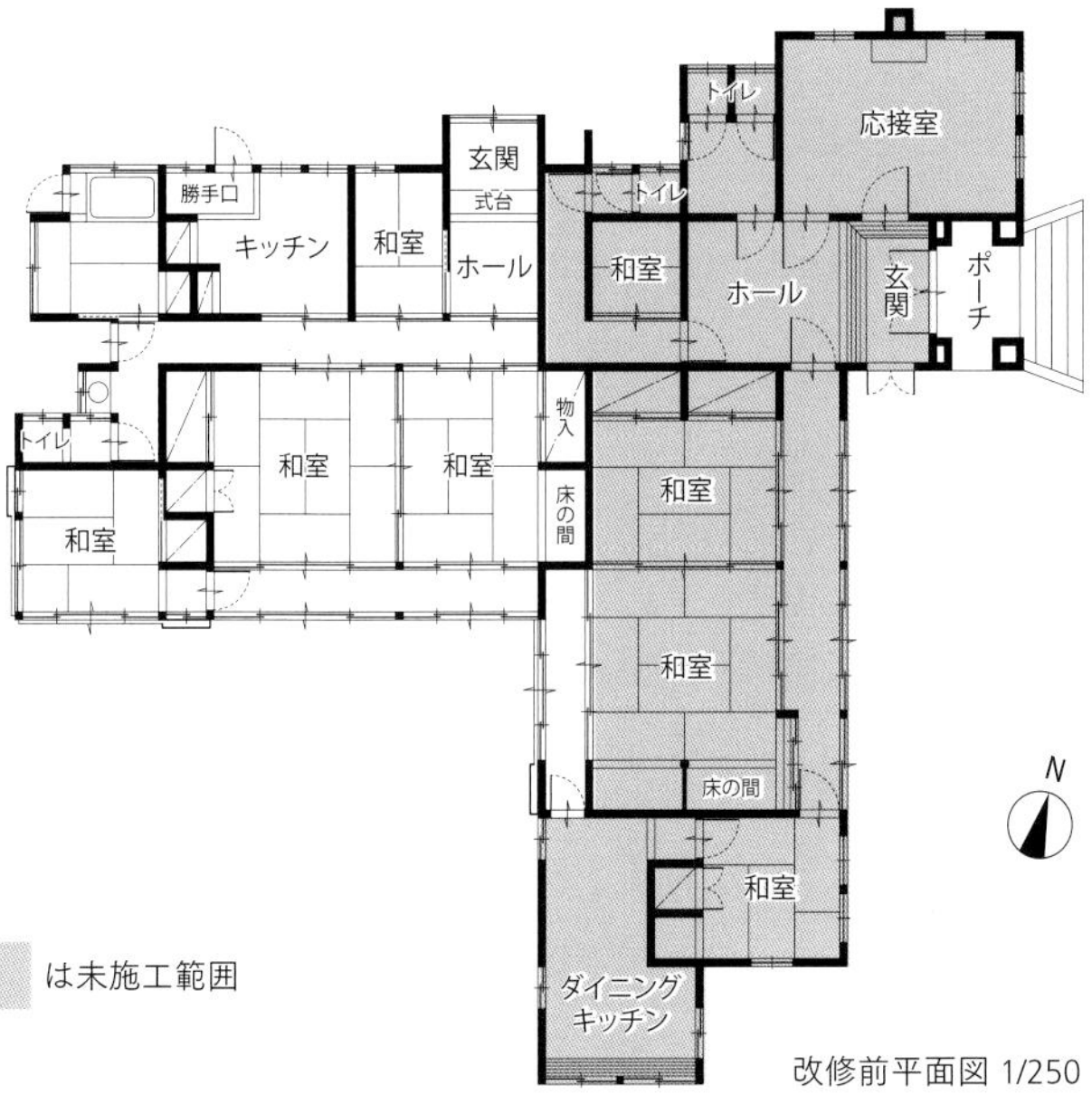

は未施工範囲

改修前平面図 1/250

↓

After

改修後平面図 1/250

文化的価値の高い建物を手入れして
別荘として休暇を楽しむ。
なんとも贅沢で幸福な出会い。

定年後は憧れの田舎暮らしを満喫したい 築100年の妻の実家をリフォーム

京都府 I邸

30年前になくした土間を、旧家らしく再生

上／既存のリビングダイニングを土間に戻し、吹抜けにした。上部の壁は、解体時に出てきた古材を梁や柱のように張り付け、旧家らしい真壁風に。　左ページ・上／L字形の大きな土間の暖房として薪ストーブを導入し、その左手にはセカンドダイニングとして楽しめるようにバーベキュースペースを設けた。　下右／薪ストーブは料理のできる機種を選択。　下左／土間から、緩やかで広々とした2段の床を上がる。上の段に室内の床の高さを揃えている。土間の壁・天井は藁《わら》スサ入り珪藻土、床は既存の木部に合わせウォルナットの挽き板に。

Data

築後年数	約100年
改修面積	178.39㎡
施工期間	約200日間

吹抜けの大きな土間に
旧家らしいたたずまいを再び。
料理のできる薪ストーブは
セカンドダイニングにもぴったり。

郷愁を誘う
茅葺き屋根のフォルム。
豊かなスローライフを楽しむ
心地よい住まいに再生。

以前のリフォームで茅葺き屋根を金属葺きに

右／茅葺き屋根独特のフォルムが郷愁を誘う外観。道路の手前には川が流れていて、以前は常に川音が聞こえていたとお義母様。左／茅葺きの形を反映した金属屋根はそのまま残した。

和室二間を約20畳のリビングダイニングに

上／リビングとキッチンをL字に配置して、キッチンへの視線をうまくさえぎっている。下／ダイニングからリビングを望む。1階全体の天井高が2m弱と低かったため床を20㎝下げ、右手の座敷はそのままの高さで残した。

数年後に定年退職を迎えるIさんには、ゆくゆくは自然豊かな田舎に居を移しスローライフを楽しみたいという夢があった。そんな折、お義母様がひとりで暮らしている奥様の実家が老朽化し、手を入れざるを得ないということになった。実家は京都の山里に立つ築100年あまりの農家で、それならIさんの退職後に夫妻で帰って二世帯同居をしようと、一足先に大型リフォームを決断した。

リフォーム会社は自然素材の扱いに長けているというイメージと大きなグループ企業の一員という信頼感で、迷わず住友林業ホームテックに依頼した。Iさんの要望は、古い梁や柱、土間といった旧家らしさを活かしつつ、現代生活にあった合理的な間取りと動線、そして段差が少なくあたたかくて快適な住まいにしたいということ。具体的には、以前の改修で一度なくしてしまった土間を旧家らしさの象徴として再生する。そして、いまではあまり利用していない四つ間の和室のうち、二つを大きなリビングダイニングに改修したいというものだった。住友林業ホームテックから設計とインテリアそれぞれの担当者がつき、Iさん夫妻と何度も打ちあわせを重ね、形ができていった。

「私たちの漠然としたイメージの要望に対していつもプラスα《アルファ》の提案をしてくれてありがたかったです。自然素材の組みあわせや、色あわせ、インテリアも一緒になって考えてもらえたので後悔がありません」とIさん。お義母様は家のなかがびっくりするほどあたたかくなったと喜んでいる。また、近所の方や親戚の方がよく来てくれるようになって、「段差がなくなったね、キッチンがIHになって安心だね」と羨ましがられると嬉しそうに教えてくれた。

生まれ変わったI邸でまもなく始まる夫妻のスローライフ。安心快適になった家で待つお義母様も、楽しみにしていることだろう。

こだわりの玄関照明

上／玄関の照明は凝ったものにしたかったとIさん。玄関入ってすぐの葭《よし》天井にジュートクロスを組み合わせ、木枠のダウンライトを仕込んだ。

下／セカンドダイニングは、梁の上にのせたLEDの間接照明とペンダントライトで明るさを確保。

リフォーム前の様子

リビングダイニングにした二間の和室。建築時は茅葺き屋根で小屋裏が見えていたはずだが、30 年前のリフォームのとき天井を張ったため、天井高がとても低くなっていた。右手がかつての玄関ホール。

使い勝手の良いバス･トイレ

右／洗面所から浴室を望む。浴室、トイレ、洗面所を直線上に配置し、使いやすい動線に。　左／以前はトイレが遠かったが、お義母様の寝室すぐ近くに新設。将来的には車椅子でも利用できるようにゆったり設計している。

After　←　Before

改修後平面図 1/250

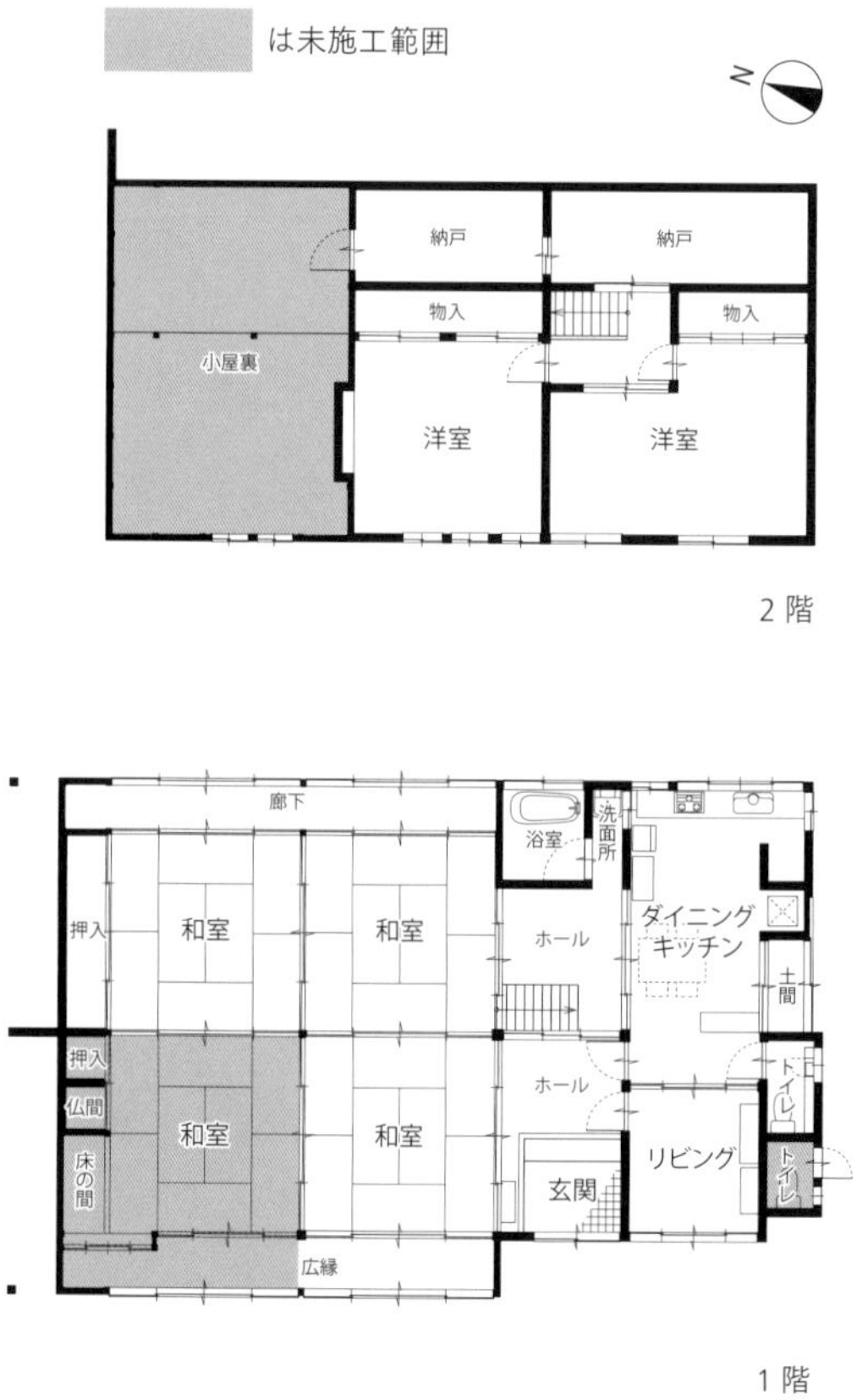

改修前平面図 1/250

洋館建築の再生事例

明治の終わりに建てた洋館の再生
「日暮別邸記念館」 愛媛県新居浜市

新居浜のまちと海を望む山に、淡いピンク色の洋館が立つ。
沖合約 20㎞の島から移築し、2018 年 11 月から公開されている日暮別邸記念館だ。
建築史研究家の矢ヶ崎善太郎さんと
住友林業ホームテック旧家再生研究所の大澤康人が、この建物を訪ねた。

沖合の島にあった別邸

現在、新居浜《にいはま》港に近い星越《ほしごえ》山にある日暮《ひぐらし》別邸記念館は、元は住友家第15代当主住友吉左衛門友純《ともいと》の命により住友家の別邸として、四《し》阪島《さかじま》の高台に建てられたものだ。

その島に建った背景には、住友グループの歴史がある。別子《べっし》銅山の経営をしてきた住友は明治時代に入り、近代化を進め、銅の製錬所を山から新居浜の平野部に移し増産してきた。すると、排出される亜硫酸ガスが周辺の農作物に被害を与える煙害が深刻化してきた。

その問題を解決するため、新居浜から20キロ沖合にある四阪島に約8年の歳月をかけて製錬所を移したが、その意に反し、煙害は東《とう》予《よ》地域一帯に拡大することになった。日暮別邸は製錬所が操業を開始した翌年の明治39（1906）年に、製錬所を見渡せる場所に建設された。

設計は、逓信省《ていしんしょう》から住友家に招かれ、当時、住友本店臨時建築部の技師長だった野口孫市《まごいち》。大阪府立中之島図書館をはじめ多くの著名な建物を手がけている。〝日暮〟は四阪島の高台の地で、技師らがそこで日が暮れるまで製錬所のあり方に思いを巡らせたことが地名の由来という。

煙害をなくすための関係者によるさまざまな対応が重ねられ、昭和14（1939）年に煙害は完全解決された。その後、昭和46（1971）年に新しい東予製錬所が完成、昭和48（1973）年に別子銅山が閉山する。四阪島での銅製錬操業は縮小していき、昭和51（1976）年に終結を迎えた。最盛期には5500人以上が暮らし、商店や小学校、劇場まであった島だったが、住む人は減少していった。

日暮別邸も訪れる人は少なくなっていたが、産業遺産また明治の洋館建築としても価値は大きかった。住友グループ20社協働の移築再生計画が平成27（2015）年に決定、翌年に工事が開始された。事業は三井住友建設と住友林業が請負い、造成・基礎は三井住友建設、主に木工事を住友林業ホームテックが担当。平成30（2018）年9月に工事を完了した。

移築先の星越山からは、瀬戸内海に浮かぶ四阪島が望める。かつては島の住人も簡単には入れなかった建物が、現在では記念館として誰もが見学できる。日暮別邸記念館は、訪れる人びとに、日本近代化の物語を伝えていく。

優雅さを感じさせる外観

星越山の高台に立つ2階建ての洋館。ピンク色に塗装された下見板張りの外装は、遠くからでもひときわ目を引く。窓の多さも特色だ。

二つの暖炉でくつろぐ応接室

上／階段の下にはイングルヌックと呼ばれる空間。暖炉を囲んでベンチをしつらえた場所だ。暖炉の上にある絵画は、この位置に据えるために描かれたものだという。
下／上の写真の見返し。北向きの穏やかな光に包まれ、石積みの暖炉を前にくつろぐコーナー。

わずかにちりばめた和の要素に
格式と居心地よさが共存する空間。

木の心地よさを縦横に活かす

上／応接室の隣にある食堂にも暖炉があり、大テーブルが置かれる。和の雰囲気を醸す格天井《ごうてんじょう》はスギ材。竿は車知継《しゃちつぎ》という技法で継いである。格子のなかに細い竹を渡している。　下右／応接室から食堂への入り口。植物的な曲線の装飾は、当時のヨーロッパにおけるアーツ＆クラフツの影響だろう。　下中／食堂に置かれていた重厚なカップボード。　下左／応接室や階段の腰壁は薄い杉皮張り。慎重にはがし、合板に張って再生した。手すりは新たに設置したもの。

矢ヶ崎《やがさき》善太郎《ぜんたろう》（左）

1958年長野県松本市生まれ。京都工芸繊維大学大学院工芸学研究科修士課程建築学専攻修了。博士（学術）。2019年4月より大阪電気通信大学工学部建築学科教授。専門は日本建築史。建築保存再生技術や伝統建築学にも精通し、日本全国でフィールドワークを行う。主な著書（共著、共編著）に『植治の庭 ― 小川治兵衛の世界』淡交社、『茶譜』思文閣出版、『町家棟梁』学芸出版社など。

大澤《おおざわ》康人《やすと》（右）

住友林業ホームテック株式会社 旧家再生研究所所長。1983年住友林業住宅株式会社（現 住友林業株式会社）入社。主に住宅設計業務を担当。住友林業株式会社を経て2010年より現職。

温故知新対談

矢ヶ崎善太郎（大阪電気通信大学教授）×大澤康人（旧家再生研究所所長）

残すだけではない〝活かす〟ことの大切さ

大澤康人　今日は日暮別邸記念館にご一緒いただき、ありがとうございます。ご覧になられて、いかがでしょうか？

矢ヶ崎善太郎　いい場所に移築できましたよね。別子銅山と四阪島を結ぶ中間点にあり、いまも稼働する住友の製錬所が見渡せる。一部の人に存在は知られていても、島にあって見に行くことができなかった建物が、こうしてちゃんと再生され、住友のシンボルとして残されたことは本当に素晴らしいです。

大澤　矢ケ崎先生は以前、四阪島に行かれたことがありますよね。

矢ヶ崎　20年以上前、新居浜の古建築を調べていた際、四阪島や山田社宅に調査に行きました。島には、かつて何千人もの人が住んでいた気配が残っていました。小学校には二宮金次郎の銅像もあって。日暮別邸を見たときの驚きは忘れません。この島にこんな立派な建築があったとは。野口孫市さんの経歴を見ても日暮別邸の名前は出てきませんでしたし、公開もされていません。なにしろ一般の人が島に渡るルートもありませんでしたから。

大澤　そう。地元の建築士たちには知られていたそうですが、入れませんでしたね。

矢ヶ崎　横には和館もありました。

大澤　来客にあわせて洋館と和館の両方が必要だということになったのか、昭和12年に和館が増築され、洋館と階段でつながっていました。洋館の地下は厨房、和館地下はビリヤード室になっていました。

矢ヶ崎　ああ、私も訪ねたときにビリヤード台を見ました。あれはいまもありますか？

大澤　とんでもない重量があったんですが、なんとか運んで、保存しています。

矢ヶ崎　洋館の移築に至ったのはどういう経緯だったのでしょうか。

四阪島にあったころの日暮別邸

四阪島はもともと複数の島からなっていた。うち二つの無人島の間を埋め立てて陸続きにし、家ノ島に製錬所、美濃島に住宅をつくったそうだ。日暮別邸は、製錬所を望む高台に建てられ、1976年の銅製錬所撤退後は研修施設に。それも閉鎖されて以降は使われず、風雨にさらされて朽ちかけていた。

右／移築前、四阪島にあったころ。木々に包まれた高台に、洋館と右手の和館がつながった形で立っていた。いまの立地は、四阪島にあるときと同じような雰囲気でつくられている。　中／コの字にまわされた２階への階段。　左／応接室の暖炉を囲む大島石も、取解きして運んだ。かなり奥行きもある自然石だ。

大澤　経年劣化も進み、四阪島での保存が困難なこと、そして由緒ある建物を一般の方々が見られるようにしたいということから、新居浜への移築が決まったのが２０１５年です。三井住友建設と住友林業が請負い、仕組みを解明しながら部材を一つずつ外して番号を振っていく取解《とりと》き、木構造・内装工事などは、木造建築の再生を多く手がけている私たち住友林業ホームテックがあたり、２０１８年の９月に完成しました。

矢ヶ崎　移築にあたって、どのようなご苦労がありましたか。

大澤　苦労だらけでした（笑）。とくに職人の作業は大変でした。毎日、20キロの距離を船で通勤し、水道も電気も通っていない場所での作業ですから。最初は大工が入り、取解きをしました。床材の幅も微妙に違いますが、移築先では元どおりの位置に再現しなければなりません。腰壁の杉皮もきわめて薄く、触ると崩れるほど傷んでおり、慎重にはがして同色に塗ったベニヤに張りました。現在はつくられていない建具の蝶番《ちょうばん》やマイナスビスも、できるだけ取っておき使いました。建具や天井材、暖炉の石なども含め、内装材の約95パーセント、約1万点が再利用できました。

矢ヶ崎　どんな状態になっていても、使える部材は活かし、きちんと手を加えればこれほどによみがえるんですね。木の建築だからできることだと、つくづく思います。ここに移築し、記念館として公開されたおかげで、一般の方はもちろん、かつて四阪島で暮らしたとしてもなかなか内部に入ることはできなかった人びとも、訪ねられる。大きな意義のあることですね。

地元素材を活かした工夫が面白い

大澤　建築史的に見て、この建物のどのあたりに注目されましたか？

矢ヶ崎　まずは、日本を代表する建築家の作品が残っていたことに驚きました。初期の簡単なスケッチに野口孫市のサインが確認されています。窓の配置など非常に巧みですが、孫市にしてはシンプルでおおらか。装飾もあまり凝っていません。製錬所で働く人びとを見守る建物だったからでしょう。立地も特徴的です。北向きの斜面に建て、大きな開口部を設けて製錬所を見渡す。それがここでも再現されています。また日本ならではの洋館として、イギリスのアーツ&クラフツの潮流を活かしつつ、和の要素を取り入れる工夫が見られます。杉皮を室内に使うのはかなり斬新ですし、ダイニングの天井には竹も使われています。地元の素材を多く活かしているのも面白いですね。

大澤　構造材や建具、装飾など主要な部分はヒノキやスギなど愛媛の県産材を使いました。

おそらく建築時もそうだったでしょう。瓦は今治《いまばり》市の菊間《きくま》瓦が使われていました。復元にあたっても同じ形状に型をつくって焼き、住友の商標である井桁が入った鬼瓦は職人の手仕事で製作しました。

矢ヶ崎　屋根は洋風の意匠を志向しながら、日本の瓦で表現してありますね。石垣の石も海をはさんだ岡山県のものですし、それになんといっても外壁やアプローチの鍰煉瓦《からみれんが》！　縁石や舗装には使われていましたが、建造物に使った例はほかにはありません。

大澤　かなり重いんですよ。1個60キロくらいあります。銅製錬の副産物で非常に丈夫だし、良い素材なんです。

矢ヶ崎　この建物は新築になるんでしょうか。

大澤　建築基準法上の新築建物です。今後100年保《も》つように、つくっています。

矢ヶ崎　構造は新しく、部材はできるだけ既存のものを残すというこういうやり方は、貴重な建物を継承する方法の一つとして重要な意味を持っています。

昭和初期の社宅群も保存

大澤　矢ヶ崎先生は、同じ新居浜にある住友の山田社宅も調査されていましたが……。

矢ヶ崎　山田社宅は、日本有数の社宅群でした。最初に訪ねた20数年前には100棟以上が残っていて、その半分ほどにまだ居住されていました。生垣《いけがき》に囲まれたとてもきれいな宅地で、どこも庭が広くて。お手伝いさんの部屋がある家が多いのも印象的でした。かつては行儀見習いとして、住友の家で働くことがステータスとされたそうです。

大澤　昭和初期の住まいとしては相当に近代的な家ばかりでした。西の田園調布ともいわれていたと聞きます。最初はさほど人気がなかったらしいんですが、生垣が育ってからぐんと評価が上がったんです。実はどの建物にも社宅ならではの共通する特徴があります。仏壇を置く場所がないんですよ。転勤もありますし、終《つい》の棲み家ではないから。

矢ヶ崎　そして単身赴任も増えて、木造平屋に暮らす家族は減っていったんですね。

大澤　今は別子鉱業所長社宅をはじめとした6棟だけが残されています。

矢ヶ崎　記憶を残すという意味で大事な建物ですね。あの土地で多くの家族が心豊かに生活していたということや、社員の幸せを考え

既存の部材をどれだけ活かせるかに苦心したと語る旧家再生研究所の大澤所長。

建物へのアプローチには、西条の青石、犬島の犬石のほか、銅を製錬する際の不純物《スラグ》を固めてつくられていた鍰煉瓦《からみれんが》を、階段の踏み石や手すり部分に使っている。

北向きに設けられた細長いサンルーム。四阪島にあったころはこの窓から、製錬所の様子が見えたといわれる。

てきた企業の姿勢がわかります。６棟が残っていて本当に良かった。社宅とは、住む人個人の希望を反映して建てるわけではありません。こうあるべきであろうというプランをもって設計される。外国人技師社宅なども、当時の設計者や職人が思いを込めたのがわかります。

新素材や新技術が建物を残すカギ

大澤　日暮別邸記念館では、新しい素材や技術もいろいろ取り入れています。例えば窓ではオリジナルは木の敷居《しきい》でしたが、耐久性を高めるため銅板を張り、金属のレールを設置しています。外壁の下見板《したみいた》張りも釘で打ち付けてありましたが、復元では特殊な金物をつくって、反《そ》りが出ないようにしっかりと保持しています。構造的に使用できなかった煙突部の煉瓦は、同様の色味の煉瓦タイルを焼き、再現しました。壁のクロスも貼り重ねた下から出た竣工当初のものは復元が難しく、解体時のものにできるだけ近い色柄を地元のメーカーにオーダーしています。

かつて四阪島に調査に訪れていただけに、矢ヶ崎さんの感慨も深い。

矢ヶ崎　そうですね。素材までもすべて再現することは必須ではないと思います。継承すべき日本の大工技術の価値のなかで、特筆すべきは修理の技術なんです。例えば世界最古の木造建築である法隆寺も、その歴史のなかで幾度も改修して形も変わっています。日本の木造建築は、移築や改築を繰り返してきたんです。その建築文化を担ってきたのが、時代ごとの大工技術。新しい素材や工法を工夫しながら、１００年２００年と引き継いでいくことこそに意味があるんです。

大澤　多くの方に訪れてもらうための記念館ですから、まず安全であること、そして快適に見学していただけることに配慮しました。

矢ヶ崎　文化財の保存や移築ではオリジナルでなければならないという考え方もありますが、この建物ではそれは違うと思います。新居浜の発展は別子銅山を運営し、閉山後もここを拠点としてきた住友グループとともにありました。明治期以降の日本の近代化を支えた地です。その象徴としての日暮別邸が、こうして健全な建築としてよみがえり、今後も存在し続けることは嬉しい限りです。

大澤　ありがとうございます。山田社宅６棟も公開されれば、多くの方々が訪れるエリアになるだろうと思います。

日暮別邸記念館

洋館部分の地上階のみを対象とした移築工事には、住友グループ 20 社が協働し、改修工事は三井住友建設と住友林業が担当。取解き、木構造・内装工事などには住友林業ホームテックがあたった。施工には、2016 年 4 月～ 2018 年 9 月の 30 カ月を要した。

所在地　愛媛県新居浜市王子町 1 番 11 号
tel 0897-31-5017
開館時間　9:00～16:30（入館は 16:00 まで）
休館日　毎週月曜日、国民の祝日（祝日が日曜日の場合は開館）、地方祭（10 月 17 ～ 18 日）、年末年始（12 月 29 日～ 1 月 3 日）
入館料　無料
https://www.sumitomo.gr.jp/history/related/higurashibettei-museum/

寝室等に使われていた 2 階は移築後は展示室に。四阪島にまつわる歴史や、四阪島での人びとの暮らしがよくわかる。

昭和初期の社宅群を保存再生

山田社宅

日暮別邸記念館と同じく新居浜市にある「山田社宅」。かつては西の田園調布とも称され、昭和初期に建築された住友社員のための社宅だ。

残した6棟の社宅を保存再生

日暮別邸記念館からほど近い山田社宅は、昭和初期に住友社員のために建てられた社宅群の一つ。湿地帯を造成した広大なエリアには、住友各社の幹部社宅のほか外国人技師社宅も含め、３００棟近い家屋が建てられた。

　エリアに隣接して別子鉱山鉄道星越駅のほか、テニスコートや現在も残るゴルフ場があり、異空間といってよいほどの良い環境であった。エリアには詰所を設け、日用品や生鮮品はなかまで売りに来ていたという。10数年前まではまだ社宅として使われていた。現在、残っているのは上級社宅だった6棟。別子銅山産業遺産の構成要素として、貴重な建物である。

　生垣に囲まれ、庭も広くゆったりと贅沢な、暮らし心地の良さそうな社宅は、企業が地元での永続的な共存共栄を目指した証といえるだろう。経年劣化により、そのほとんどが取り壊されたが、数棟なりとも保存再生されることの意義は大きい。

　これからも大切に保存されていく建物を通して、この地で過ごしていた人びとの日々に思いをはせたい。

郵 便 は が き

料金受取人払郵便

神田局承認

8495

差出有効期限
2022 年
1 月 31 日まで

切 手 不 要

1 0 1-8 7 9 6

517

東京都千代田区神田錦町 3-26
（一ツ橋 SI ビル 8 階）

住友林業ホームテック（株）
旧家再生研究所　行

旧家のリフォーム資料をプレゼント！
「百年のいえ倶楽部」入会もこちらから。

下記と裏面にご記入のうえ、お送りください。

ふりがな			ご 年 齢
お 名 前			歳
ご 住 所	〒		
お電話			
メール アドレス			
ご職業		築年数	約　　　年
現在の お住まい	□旧家　□戸建て住宅（持ち家）　□分譲マンション □賃貸住宅　□その他（　　　　　　　　）		

全国各地の旧家リフォームの
実例を紹介した
カタログ「温故知新」を
差し上げます。

※ カタログデザインは変更の可能性があります。

お手数ですが以下にご記入ください。

◆ この書籍はどちらで入手されましたか？

□書店で購入　□ BS 朝日「百年名家」視聴者プレゼント

□住友林業ホームテックの展示場、ショールーム、イベントなど

□その他（　　　　　　　　　　　　）

◆ カタログを希望しますか？

□ 希望する　□希望しない

◆ 「百年のいえ倶楽部」について（詳細は本文 P106、107 ご覧ください）

□ 入会を希望する　□入会案内の送付を希望する

◆ リフォームのご予定はありますか？

□ ある　□ない

◆ 本書についてのご感想をお聞かせください。

［　　　　　　　　　　　　　　　　　　　　］

＊百年のいえ倶楽部の会員特典・規約については、
百年のいえ倶楽部ホームページ（https://www.sumirin-ht.co.jp/hyakunen/）でご確認ください。

＊お客様からいただいた個人情報は、住宅のリフォーム等、当社事業のご案内等に利用させていただきます。
詳細は当社ホームページ（https://www.sumirin-ht.co.jp/privacy.html）をご参照ください。

住友林業のリフォーム

別子鉱業所長社宅

竣工昭和 12 年　平屋建て 346.80㎡
修理：住友林業ホームテック　2018 年 3 月～ 8 月

◆ ◆ ◆

別子鉱業所長社宅は、山田社宅のなかでも最も大きく、敷地は約 2000㎡ある。応接棟、母屋、茶室の 3 棟が廊下でつながっている。

洋館的要素を取り入れた室内

上右／別子鉱業所長社宅。右手が公式の接客用の応接棟。　上左／家並みはカイヅカイブキの生垣で区画されている。　中／応接棟玄関の格天井も見事。　下右／応接室には大きなガラス窓があり、十分な明るさが確保されている。　下左／応接室南側の広縁。外観は和風でも、洋館的要素が多く取り入れられているのがわかる。

来客や社員をもてなした座敷

上／来客を洋風の応接室や和の座敷でもてなした。座敷は 6 畳と 10 畳の続き間になっている。　中／簡素でスッキリとした座敷。改修時、聚楽《じゅらく》壁は一部既存部分と色をあわせて塗り替えた。　下／座敷から徐々に家族が使う私的スペースへとつながる。

上／家の裏には広々とした庭が。応接室の外には石張りのテラスがある。　下段右から／こちらが洋風の応接室。暖炉を囲みながら、庭の景色を楽しめる。　／暖炉まわりに施されたロートアイアンの装飾や、スクラッチタイルも注目したいところだ。　／来客を通す座敷にはお茶を点てられる炉も切られている。建物は状態が良く、耐震補強と内装補修を施した。　／中廊下に敷き詰めた畳に、格式が表れている。

住友化学幹部社宅

竣工昭和 10 年　平屋建て 269.49㎡
修理：住友林業ホームテック　2018 年 7 月～ 10 月

◆ ◆ ◆

住友化学の幹部が住んだ社宅も、和風建築でありながら、洋館風の内装も取り入れられている。来客用とプライベート用で玄関は二つ。中央に畳敷きの中廊下があるのも特徴だ。

外国人技師東社宅

竣工昭和 5 年　2 階建て 317.76㎡
修理：住友林業ホームテック　2018 年 7 月～ 9 月

◆ ◆ ◆

ヨーロッパからの技師を迎え入れるために建てられた洋風社宅。2 棟並んで残っているうちの 1 棟。

上／白く塗装した下見板張りの外壁がやさしい印象だ。　下右／玄関ポーチの柱や窓枠は濃紺。どこかコロニアルな雰囲気もある。大きな郵便受けも社宅らしさ。　下左／瓦屋根はすべて新しく葺き替えている。

洋館の楽しみ方

近代建築史家　内田青蔵先生に聞く

内《うち》田《だ》青蔵《せいぞう》

神奈川大学工学部教授。工学博士。1953年秋田県生まれ。75年神奈川大学工学部建築学科卒業。83年東京工業大学大学院理工学研究科建築学専攻博士課程退学。文化女子大学造形学部教授、埼玉大学教育学部教授を経て現職。著書に『お屋敷拝見』（河出書房新社）、『死ぬまでに見たい洋館の最高傑作II』（エクスナレッジ）ほか多数。

住友財閥2代目総理事・伊庭貞剛（いばていごう）が引退後を過ごした住友活機園（かっきえん）の洋館。野口孫市の設計で明治37（1904）年竣工。外観はハーフティンバー。内部はアーツ＆クラフツ調に和の要素も加えた明治後期を代表する邸宅だ。

歴史的な住宅建築には、
旧家や数寄屋だけでなく、
西洋の影響を受けた洋館もあります。
しかし、ひとくちに洋館といっても、
様式も意匠もさまざまです。
ここでは、洋館ならではの
鑑賞のポイントをまとめました。
また、実際に見学可能な
洋館を紹介しています。

洋館の楽しみ方①

様式を識《し》る

写真／小野吉彦（特記を除く）

どこかロマンチックな憧れを呼ぶ〝洋館〟という響き——。主に幕末から昭和初期に建てられた豪奢《ごうしゃ》な洋風住宅を指す言葉だ。日本人大工が手探りで建てた擬洋風《ぎようふう》建築に始まり、次いで外国人技師らが設計。やがて国内にも洋館を得意とする設計者が幾人も誕生していった。彼らは、ヨーロッパでもそうだったように、過去から当時までのさまざまな様式を咀嚼《そしゃく》し、美しい建物をつくり上げた。いまに残る著名な洋館を楽しむヒントとして、まずは様式の違いから識っておこう。

1 チューダー様式

旧前田家本邸（p.76参照）洋館の大食堂。天井と壁で格子のデザインが呼応する。暖炉の内側にはチューダー・アーチがデザインされている。

イギリス中世後期に、教会建築にのみ使われていたゴシック様式を、住宅に向くよう簡略化して生まれた様式。チューダー・アーチといわれる、平べったくて中央がとがったアーチを用いるのが特色だ。また、外壁は日本の真壁《しんかべ》と同様に壁の間の柱などが見えるハーフティンバー（73ページ参照）が多い。そうした親しみやすさもあってか、明治後期以降、上流層だけでなく中流層の小規模住宅にも好んで取り入れられた。木のあたたかみは田園風景とも調和する。

4 ヴィクトリア様式

下見板張りの外交官の家は1910年築で重要文化財。横浜市の認定歴史的建造物・指定文化財六つとともに横浜市内に佇む山手西洋館の一つ。設計はJ.M. ガーディナー。

イギリスでヴィクトリア女王の治世下の19世紀に生まれた様式。チューダー風の古典的スタイルをもとに、鉄・ガラス・コンクリートなど新しい素材を使用している。イギリスから伝わったアメリカでは19世紀末期からおおいに流行していった。非常に装飾性が高く、遊びの多いデザインが特徴だ。外壁は白など明るい色の下見板張り、窓は上げ下げ窓で鎧戸《よろいど》がつくのが基本。日本では明治20～30年代から建てられるようになったスタイルだ。

5 アール・ヌーヴォー様式

福岡・北九州市の旧松本家住宅（西日本工業倶楽部）は曲線の意匠を散りばめたアール・ヌーヴォーの館。1階の大食堂も伸びやかなカーブが美しい。写真／山田新治郎

20世紀初頭にヨーロッパ各地で流行した様式。日本では明治末ごろから流行った。植物や昆虫などを造形のモチーフにした有機的で曲線的なデザインが特色。暖炉やドア、照明器具、窓など、その表現には鉄やガラスなどの新素材も多く使われる。外壁もどこか曲線的な要素が入る。また、ステンドグラスも宗教的要素は除かれ、デザインの優美さを強調している。ヨーロッパでは曲線による装飾性の強い表現が見られるが、日本の洋館での曲線は穏やか。

2 ジャコビアン様式

旧岩崎久弥邸（p.75参照）の北側外観。四角いドームの塔屋を中央に、左右で変化をつけている。車寄せの円柱には古典主義の要素も。

16〜17世紀初めのエリザベス様式を受け継いだうえで、イタリアルネサンス風やゴシック風を加味したイギリスならではのルネサンス様式。中世の要素を離れ、古典主義を取り入れながら洗練した様式といえる。直線的で力強く、装飾にはストラップワークという革細工のデザインなどを取り入れ、ねじり棒や球形の挽物など新しい細工技術が多用される。天井などは幾何学模様。ジャコビアンとは当時の国王ジェームス一世のラテン名。

3 コロニアル様式

旧岩崎久弥邸。1階のテラス、2階に設けられた広々としたベランダは、夏の湿気の多い日本にも向く。旧グラバー邸などもこのスタイルだ。

17〜18世紀、ヨーロッパ列強が中米や東南アジアに植民地を設けていたところに、その気候風土にあわせ、現地住民の住まいにヒントを得てつくったスタイル。ヨーロッパの住宅は壁で囲まれた閉鎖空間だが、植民地では風通しの良い開放的なつくりが必要だった。建物正面にはポーチがつき、窓も大きい。階上にはベランダもある。このスタイルはヨーロッパ本国に取り入れられたのちアメリカ全土で流行。日本でも明治時代からつくられている。

6 アール・デコ様式

旧朝香宮邸（p.77参照）は現存する宮家の住宅のなかで最もモダン。建造当時、最新の潮流だったアール・デコ様式をふんだんに取り入れている。写真／東京都庭園美術館

曲線のアール・ヌーヴォーに対して、1920〜30年代に一世を風靡したアール・デコは直線や幾何学模様を多用する。鉄やガラス、木などさまざまな材料を意識的に取り入れ、その素材感を活かしながら組みあわせている。同様のモチーフを反復させて用いるのも特色の一つだ。実用性が考えられたモダンなデザインであり、建物全体の姿にも幾何学的な要素が感じられる。日本の洋館では部分的に取り入れられた事例が多い。

7 スパニッシュ様式

日本のスパニッシュ様式の代表が旧小笠原邸（p.78参照）。壁は明るいクリーム色。外から見えない中庭には屋上パーゴラへの階段もある。

スペイン風の意匠を取り入れたもので、日本には大正時代中期にアメリカのスペイン人移民がつくり上げたスタイルが入り、昭和初期に広く流行をみた。断面が半円形のスペイン瓦で葺いた屋根、明るい色で凹凸感をつけて塗った外壁や装飾タイル、窓のグリル（鉄格子）、パティオ（中庭）に設けた噴水などが特色。中庭のない建物では、玄関脇やベランダなどに壁泉をつくった。スペインの歴史の影響か、イスラム風の装飾が見られることも多い。

洋館の楽しみ方②

意匠と用語

洋館ならではのデザインは建物のそここに散りばめられている。その呼び名って何？ どういう違いがある？ ここでは、ついつい気になる意匠の代表的なものをご紹介！

オーダー

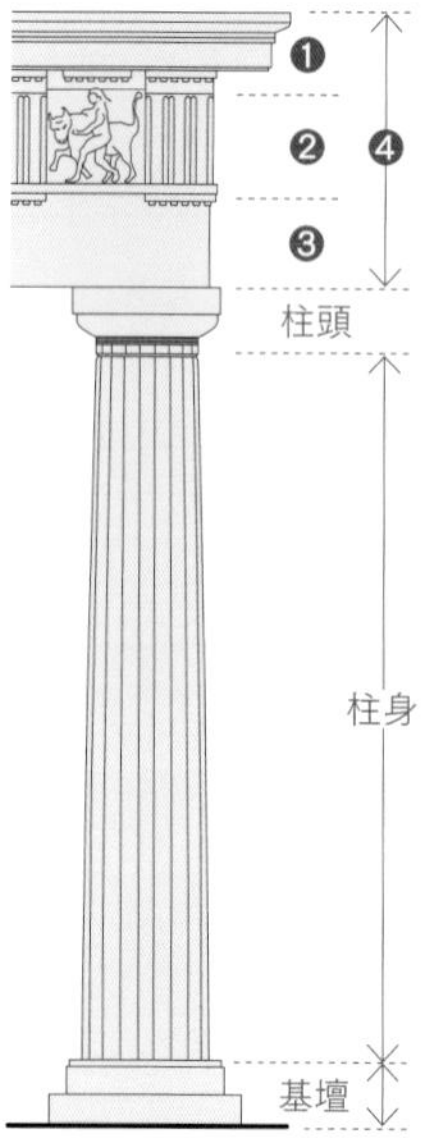

❶ コーニス
❷ フリーズ
❸ アーキトレーブ
❹ エンタブレチュア

建物にある装飾的な円柱や梁のことをオーダーと呼ぶ。西洋建築ではギリシャ・ローマ時代から続く伝統的デザインであり、今も行政の場や歴史ある美術館などに多く見られる。もともとは石柱だったが、近代からは人造石なども使われる。日本ではだいたい図の5種のどれか。柱頭の装飾によって見分けられる。1階は建物を支えるためシンプルにつくられ、上階ほど装飾的になる傾向もある。

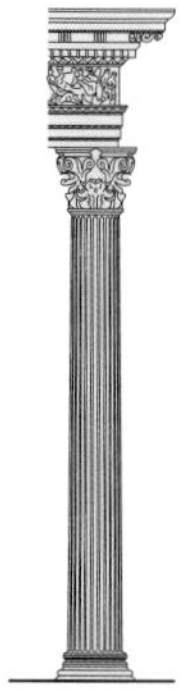

コリント式

ギリシャ式オーダーの一つで、イオニア式の変形。柱頭の装飾に違いがある。ハアザミの一種でギリシャやローマで愛好された植物アカンサスの美しい葉をモチーフにした豪華で華麗なスタイル。柱身も細目だ。

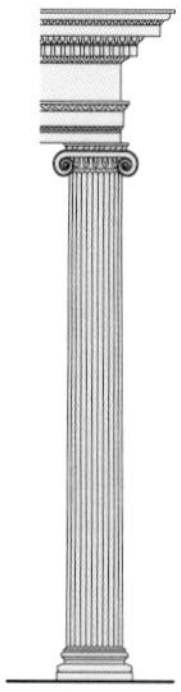

イオニア式

ギリシャ式オーダーの一つで、イオニア人がつくり始めたものとされる。基壇の上にはベースが設けられ、ドリス式より細い柱身には24本の溝彫り（フルート）がつけられる。柱頭にはヴォリュートという渦巻装飾がある。

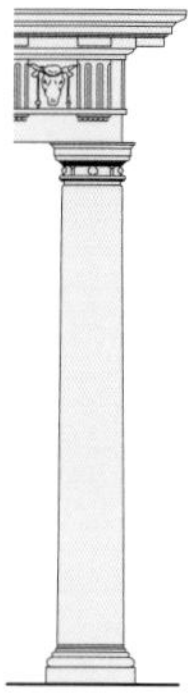

ドリス式

ギリシャ式のオーダーのなかでも最古のスタイル。紀元前7世紀からある。柱身が直接基壇に立ち、上に行くほど細くなっている。簡素で力強い印象を感じさせる。柱身には装飾としての縦溝は入っていないものが多い。

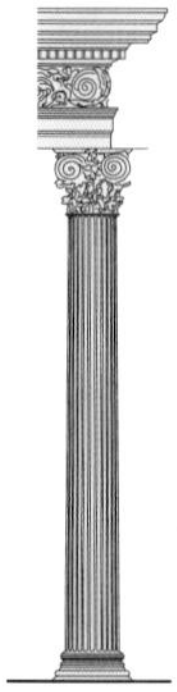

コンポジット式

ローマ式オーダーの一つ。“複合式”を意味する名のとおり、柱頭はイオニア式の渦巻とコリント式のアカンサスの葉を組みあわせるほか、人や動物の頭部などを取り入れている場合もあり、バリエーションはじつに多様だ。

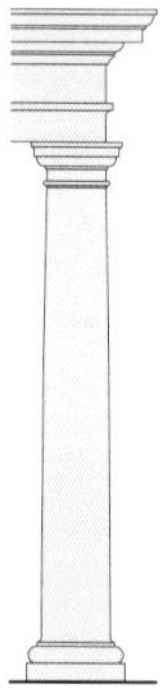

トスカーナ式

ローマ式のオーダーの一つで、ギリシャ式のドリス式をアレンジしたものといえる。ドリス式との見分けは難しい。エンタブレチュアの部分に装飾が少ない、フルートがないなど、全体に簡素な印象のものがこれにあたる。

アーチ

建築や庭園に用いられるアーチは、そもそもは石材、やがて煉瓦などを用いて絶妙に構成されてきた。装飾として使われるようになっても、元来の物理的なバランスは踏襲されている。古代からの半円形や教会建築で多く使われた尖塔形はさまざまにアレンジされてきた。

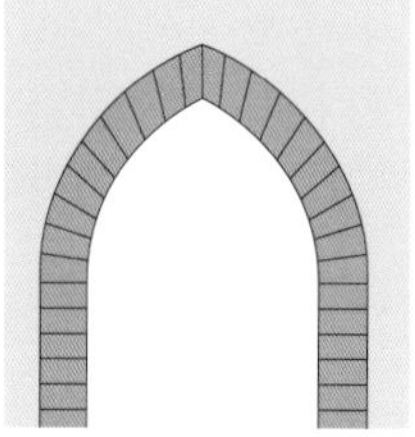

尖塔アーチ

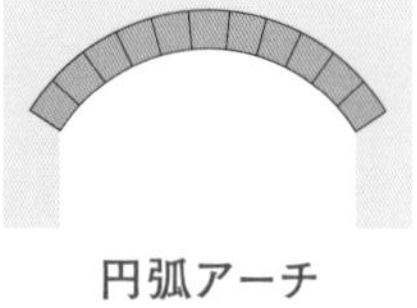

円弧アーチ

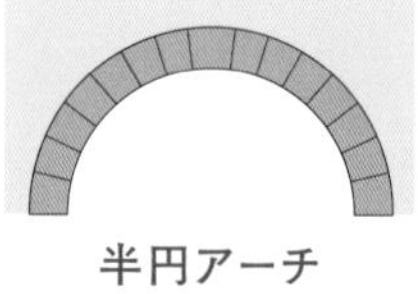

半円アーチ

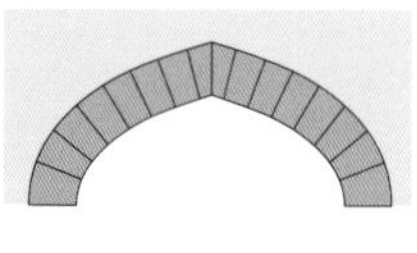

チューダー・アーチ

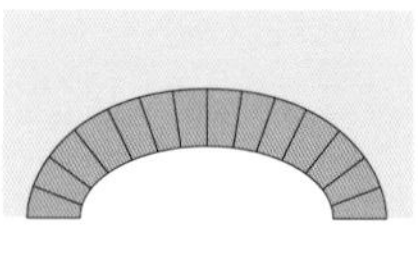

櫛型アーチ

窓・ベランダ

室内に明るさをもたらす出窓

右／旧前田家本邸洋館の大食堂の出窓は、弓形の平面形状のボウウィンドウになっている。　左／旧岩崎久弥邸の２階の窓は両開きで鎧戸がつく。中央は台形の出窓、ベイウィンドウ。

開口部の特徴を見ても、その建物の洋館らしさが伝わってくる。窓は基本的に縦長だ。これはもともと石造りで、横方向に長い開口はつくれなかったためだ。上げ下げ窓か開き窓になる。狭い開口から多くの光を呼び込むのが出窓である。閉めても通風を保てる鎧戸《よろいど》も多用される。また、ベランダも陽光や庭の景観を楽しむ半屋外空間として重要な要素になっている。

風と光を感じて過ごすベランダ

東京・東五反田の旧島津家本邸（清泉女子大学所有）の南側に設けられた大きなベランダは、風や光を感じながら、来客とともに庭園を眺めてなごやかに過ごせるスペースでもある。重厚な屋内とは、ひと味違う時間が楽しめそうだ。１階部は庭に出られる。

外壁

外壁の仕上げ方は多種多様だ。素材で分ければ、石・煉瓦・木・モルタル・タイルといったところが中心。日本では下見板張りや、煉瓦造に石張り、または漆喰仕上げが多かった。大正時代からはモルタル仕上げが増え、伝統の左官技術や新たに生まれた擬石《ぎせき》技術などにより、外壁の表現も豊かになっていった。

テラコッタ張り

テラコッタとは、石膏などの型を使って粘土を成型して焼いたものでタイルの一種。半光沢の釉薬を施したものも多い。旧小笠原邸ではインコやトンボ、花などの意匠が施されている。タイル張りはほかにも多種。

下見板張り

洋館の下見板張りでは最も一般的なものが、板材を横にして上部を重ねて張る横羽目下見板張り。山手西洋館のうちの外交官の家もこの仕上げ。南京下見板張り、イギリス下見板張り、あるいは鎧張りとも称される。

煉瓦積み

煉瓦はそのまま外壁として見せる場合と、モルタルなどで外装する場合とがある。積み方には、長手と小口をいかに組みあわせるかでフランス積み、イギリス積みなど数種がある。いずれも構造体としての強度を考えたものだ。

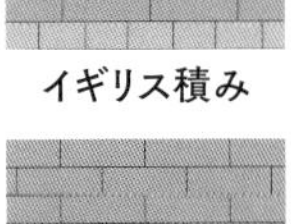

イギリス積み

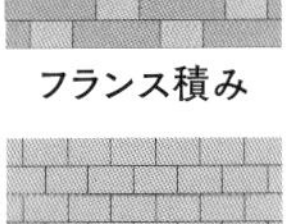

フランス積み

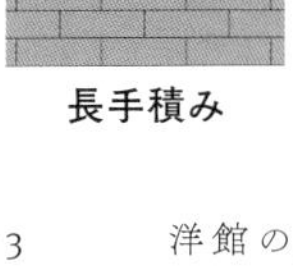

長手積み

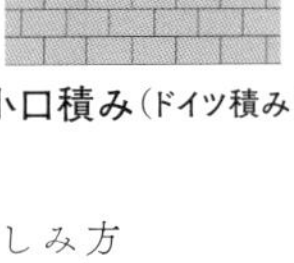

小口積み（ドイツ積み）

ハーフティンバー

柱や梁、筋交などの構造材を外観に露出させ、その間を煉瓦や漆喰などで埋める仕上げ方。日本建築の真壁に近い方法である。木の存在感が強調され、山のロッジ風の雰囲気もある。写真は旧松本家住宅（西日本工業倶楽部）。写真／山田新治郎

隅石張り

石や煉瓦などで外壁を仕上げた場合、壁の角を強調するために大きめの石を使うのが隅石（すみいし）張り。旧島津家本邸（清泉女子大学所有）では白いタイル張りを基本としながら、隅には伊豆石を張り、その色の違いで全体のフォルムを強調している。

階段

階段は、平屋が基本の日本の住宅文化にはなかったものだ。屋根裏などへの階段も隠すのが習いだった。しかし洋館では大きな見せ場。機能性と装飾性をあわせ、玄関ホールなど目につく位置に配置されている。

見せ場となる装飾的階段

山手西洋館の一つ、外交官の家の玄関ホールに設けた階段は直線的なデザイン。親柱は角形で、オーダーのフルート（溝彫り）のような意匠が見られる。

暖炉

洋館では応接間や食堂、客室など各室に暖炉が設けられている場合が多い。これは暖房のためというよりも、重要な意匠の一つ。部屋ごとにデザインを変え、来客の視線を集める、いわば床の間的な役割を果たしている。

優雅なデザインの石造暖炉

旧島津家本邸（清泉女子大学所有）の中央ホールに据えられている石造りの暖炉。上部の暖炉飾りは優雅なカーブをつけたスワンネックと呼ばれるスタイルだ。17 世紀後半から 18 世紀初頭に流行したバロック様式のデザインである。

壁泉

スパニッシュ様式を取り入れた建物では水場を重視する。水音で涼しさを演出する趣向である。噴水のほか壁面に取り付けた壁泉もみられる。中庭に設けるのが本来だが、玄関土間や玄関脇の外壁につけてあるケースも多い。

ライオンの口から水が流れる壁泉

山手西洋館のなかでもスパニッシュ様式のベーリック・ホールは、J.H. モーガンの設計で 1930 年に建てられた。南側テラスの壁泉は、タイルによる半円アーチのアルコーブで吐水口はライオンの頭。写真／公益財団法人横浜市緑の協会

漆喰装飾

天井や壁面などに施された細かく立体的な装飾（モールディング）は、西洋では型に石膏を流してつくられる場合も多い。けれども日本の左官職人には、鏝《こて》で立体的な絵を描く鏝絵という伝統技法や、型を使ってモールディングを表現する蛇腹《じゃばら》などの技法があった。彼らはその技を駆使して華麗な装飾を施した。日本の洋館ならではの繊細な技術だ。

透かしのあるメダリオン

シャンデリアの吊り元を飾るシーリングメダリオン。良い意味を持つシンボルとされる八芒星に、植物のような曲線の透かしを組みあわせている。シャンデリアを含めスパニッシュな印象のデザイン。旧前田家本邸洋館。

白一色で表現する豪華さ

京都の長楽館（旧村井吉兵衛京都別邸）のフレンチレストラン・ル シェーヌ。折上格天井を思わせる区画された天井から壁面にかけて、豪華な漆喰装飾が施されている。植物モチーフが中心。細工は非常に細かく立体的だ。

洋館の楽しみ方③

鑑賞できる洋館 4例

上／建物北側の入り口。外壁は下見板張りで仕上げられている。ドームの左右で屋根の高さや窓の配置が違うのは、左側は接客室や家族のための部屋、右には厨房など実用的な機能を置いているため。　下右／一番の見どころは大階段のある中央ホール。天井や柱にジャコビアン様式の特色が見える。　下左／2階にある客室の一つ。金唐革紙の壁紙に包まれた壁面が美しい。天井は板の角度を変えて幾何学模様を表現している。窓からは庭園を望む。

国内にはいまも数々の洋館が大切に残されている。気軽に訪ねられる建物も多い。様式や意匠の特色を確認しながら、その歴史に思いを馳せれば、見学の楽しみもひときわだ。

ジャコビアン様式の粋を散りばめた
旧岩崎久弥邸

三菱財閥を創設した岩崎弥太郎の長男・岩崎久弥が、ヨーロッパ諸国をめぐってから三菱合資会社の社長に就任した翌年、結婚を機に計画を始めた本邸である。

竣工は明治29（1896）年。和館と洋館が並ぶ大規模な住宅で、洋館部分は鹿鳴館など数多くの有名建築を手がけたジョサイア・コンドルが設計している。ジャコビアン様式を基本とし、壁や天井の幾何学的パターンや、柱の腰部分の革細工風の彫刻にその特徴がよく表れている。イスラム風の内装も、東洋にふさわしい洋館を志した結果だろう。一部の壁には、復元された金唐《きんから》革紙《かわかみ》が貼られている。

庭に立つ山小屋風のビリヤード室や、一部が残る和館も併せて見学したい。

DATA
東京都台東区池之端 1-3-45
tel 03-3823-8340
（旧岩崎邸庭園サービスセンター）
9:00 ～ 17:00（入園は～ 16:30）
年末年始休
http://www.tokyo-park.or.jp

DATA
東京都目黒区駒場 4-3-55
tel 03-3466-5150（駒場公園洋館管理事務所）
9:00 ～ 16:30　月火曜（祝日の場合は開館）、年末年始休
https://www.city.meguro.tokyo.jp/gyosei/shokai_rekishi/konnamachi/michi/rekishi/hokubu/kyumaeda.html

重厚なチューダー様式を楽しむ

旧前田家本邸洋館

昭和4（1929）年竣工。東京帝国大学建築学科を首席で卒業して絵画館や学士会館などを手がけた高橋貞《てい》太《た》郎《ろう》の設計である。

施主の前田利為は、旧加賀藩前田家の16代当主。陸軍士官学校を出たのちイギリスでの暮らしを経験し、この建物を計画しているころは英国大使館付武官だったそうだ。イギリスらしい本格的なチューダー様式を用いたのはそれゆえでもあったろう。

構造は最先端だった鉄筋コンクリートである。内部は太い角柱や梁が存在感を見せる重厚な趣だ。ところどころにつくられたチューダー・アーチがやわらかな雰囲気を添える。一部にスパニッシュな意匠も。葡萄やアカンサスなど植物モチーフの装飾彫刻にも注目したい。

上右／玄関脇の小さな応接室。ここは他の部屋と違って明るく優しい雰囲気だ。女性客を迎えた場だろうか。暖炉ではなく、暖房用ラジエーターを入れている。上左／ボウウィンドウのある大食堂。天井の梁型も重厚だ。暖炉やメダリオンの意匠もイギリスの伝統に則っている。　下／玄関からまっすぐ入った広間。カーブを描く階段の下には、イングルヌックがある。暖炉を前につくり付けのベンチでひとときくつろぐ、親しみに満ちた小空間だ。

他に類のない
貴重なアール・デコの館

旧朝香宮邸

幾何学的な反復が特色のアール・デコは、1925年にパリで開かれたアール・デコ博覧会をルーツとする。そこを訪れていたのが、フランスで生活していた朝香宮《あさかのみや》鳩彦《やすひこ》・允子《のぶこ》夫妻である。帰国後の昭和8(1933)年、住まいとしてこのモダンな建物を建てた。基本設計は宮家の住宅を担当する内匠《たくみ》寮だが、主要な部屋の内装は博覧会に尽力したインテリアデザイナー、アンリ・ラパンに依頼している。

当時における最先端のデザインが館を彩る。ルネ・ラリックによるガラスレリーフやシャンデリア、巨大な香水塔、随所に見られる直線的モチーフ、素材や色彩の組みあわせなど、すべてがアール・デコ。現在は東京都庭園美術館として運用されており、これだけの建物をじかに楽しめるのはじつに幸せなことだ。

大広間の横に据えられている香水塔。本来は噴水器で、允子妃が上部の電灯の熱によって香水を気化させたそうだ。フランス海軍からの献上品。

DATA
東京都港区白金台 5-21-9
tel 03-5777-8600(東京都庭園美術館)
10:00 ~ 18:00(入館は~ 17:30)第 2・第 4 水曜
(祝日の場合は開館、翌日休館)、年末年始休
https://www.teien-art-museum.ne.jp

右/壁のパネル仕上げが印象的な大客室。シャンデリアはラリックの作。天井の漆喰装飾もシャンデリアのデザインと呼応させている。　左/階段は大理石と金属の組みあわせ。角ばったデザインだけでなく、異素材を取りあわせることもアール・デコの特色だ。黒を意識的に活かしていることにも注目を。写真3点/東京都庭園美術館

建物内外に
スパニッシュな意匠が横溢する

旧小笠原邸

現在ではスペイン料理レストラン「小笠原伯爵邸」として人気の旧小笠原邸は、昭和初期に流行したスパニッシュ様式洋館の代表例。彫刻をはじめとした芸術に造詣が深かった施主の好みを反映したのであろう。小笠原家といえば日本の礼儀作法を体系化した家系だが、この建物は和館を付属していないのも意外な点だ。

設計は、曾《そ》禰《ね》中條建築事務所で、昭和２（１９２７）年に竣工。粗く塗った外壁や鉄格子、中庭、素焼きタイルの多用などの外観はもちろん、内部もイスラム風の意匠を取り入れたスペイン的気配に満ちている。この建物に身を置けば、植物モチーフの曲線使いも、アール・ヌーヴォーとはひと味違うことがよくわかる。

DATA
東京都新宿区河田町 10-10　tel 03-3359-5830（小笠原伯爵邸）
レストラン　ランチ 11：30 ～ 15：00
ディナー 18：00 ～ 23：00　年末年始休
https://www.ogasawaratei.com

上右／渦巻文様を施した玄関。キャノピーには、蔓や葉が生命力を感じさせる葡萄の模様。定型化を排した軽やかなデザイン。　上左／円筒形の部分は南側の庭に面した喫煙室。粘土を素焼きした装飾タイルでにぎやかに彩られている。　下／こちらが喫煙室内部。大理石モザイクの床や青い天井、星形のメダリオンを囲む鋭角的な柄などもイスラム風だ。イスラム教では偶像崇拝が禁じられており、生き物の表現が忌避されているため、この部屋の壁面彫刻では植物も抽象化している。

旧家リフォーム事例

ひらく

由緒ある仁和寺《にんなじ》の境内で泊まり 歴史遺産にふれる特別な体験をする

京都府京都市　仁和寺　松林庵

Data

築後年数	不明
改修面積	159.97㎡
施工期間	335 日間

庭に溶け込んで立つ邸宅

上／かつて松林庵の建物は職員（関係者）の宿舎などに使っていたが老朽化が進み、この 10 年は空き家だった。改修前と同様に漆喰や杉皮などの伝統的な自然素材で仕上げた、穏やかな佇まい。銅板葺きの深い玄関庇も印象的だ。　下 3 点右から／石張りの露地を玄関へ。直線の構成だが、草木や景石のあしらいがリズムをつくる。／茶室を持つ松林庵の構えとして、簡素にしつらえた中門。門扉越しの石灯籠と枝垂れ紅葉が露地へと誘う。／杉苔と玉砂利のコントラストが美しい。

町家らしいしつらえの玄関

上2点／玄関の引き戸を開けると、大きな沓脱《くつぬぎ》石《いし》が迎える。式台はケヤキの一枚板。建具は舞良《まいら》戸《ど》と障子という構成。　下／1階寝室。木部は京町家らしい弁柄《べんがら》色に塗り、壁は細かい藁《わら》スサの入った土壁に。右手の障子の向こうには庭を望む濡れ縁がある。宿泊客は、好きな場所に布団を敷いてもらい就寝する。

格のある玄関から
やわらかみのある数寄屋に、
くつろぎの場へと導く。

思わず渡りたくなる太鼓橋

2階の水屋と小間の茶室をつなぐ渡り廊下は、優雅なカーブを描く太鼓橋。繊細な細工を眺めながら歩くのも楽しい。水屋の先の「鎖の間」には、展示用のガラスケースを配置。仁和寺の所蔵品が飾られる、美術館のような場所だ。

華やかな風情の小間茶室

右ページ／2畳茶室の正面。床脇を天袋と地袋でととのえ、書院も備わる、小間ながら風格のあるつくり。床柱は中央部を切り取り、袖壁の刳り型とともに遊び心を感じさせる。　このページ・上右／小間と広間をつなぐ鎖の間。左手は小間で、その建具の腰は桂離宮の松琴亭を思わせる、白と紺の市松張り。　上左／水屋の間。水屋は半間で小ぶりだが、棚や流しなど点茶に必要な機能が満たされている。

濃密な小間とおおらかな広間、
緩急ある二つの茶室をつなぐ
機能的な水屋と鎖の間。

端正ながら小気味よい広間

2階広間の茶室。8畳の空間の一角に地袋と棚を据えている。床の間は半間と簡素でありながら端正。床柱は杉絞り丸太、落とし掛けや地袋の束にアベマキといったように数寄の素材が空間にリズムを添える。

広間から築山の景色を楽しむ

右／広間の窓から広がる眺望。京都の四季を堪能できる。築山によって御室会館の屋根のみを背景とした。　左／主庭を見下ろす。地形の高低差を活かして枯れ滝をつくり、アカマツ、ツバキ、モミジを植えた。

やわらかな光に満たされる浴室

自然光が美しく入る浴室。床と腰壁は御影石、壁と天井はヒノキ、浴槽は高野槇《こうやまき》。洗面室天板はケヤキの一枚板を使用している。

リフォーム前(上)、
リフォーム中(下)**の様子**

上／構造は保っているものの、長い間使われていなかったために杉皮の外壁は傷みが進んでいた。　下／現代の基準にあわせるために耐震補強。建物をジャッキアップして新たに布基礎を打ってから下ろした。

腰高の障子を開放すると
静謐から躍動へと景色が変わる。

仁和4（888）年に創建された京都の名刹《めいさつ》であり、世界遺産の仁《にん》和寺《なじ》。松林庵は、その諸大夫《しょだいぶ》であった久富《ひさとみ》家から昭和12（1937）年、仁和寺に寄贈された木造2階建ての旧家だ。それを宿泊施設とするため、日本財団の「いろはにほん」プロジェクトの助成を受けて、平成29（2017）年に改修を完了した。

1棟貸しで、1日1組限定の宿である。さらに宿泊客は、仁和寺の御殿で食事をとったり、国宝・金堂で朝の勤行《ごんぎょう》に参加したり、経蔵や五重塔、茶室など、通常は非公開の建物を見学したり、数々の特別な体験をできるのが魅力になっている。

「日本文化に関心のある多くの方

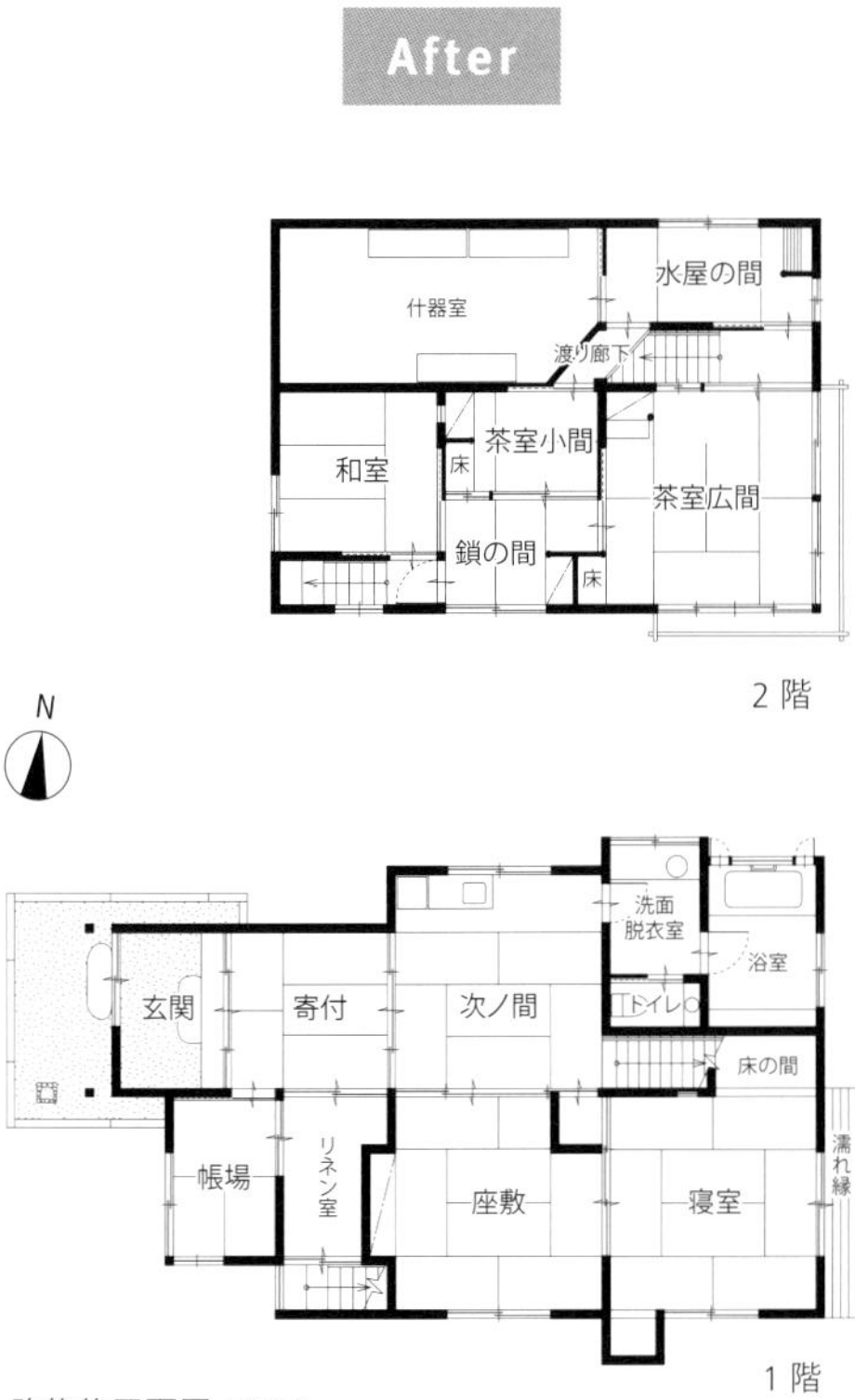

改修後平面図 1/250

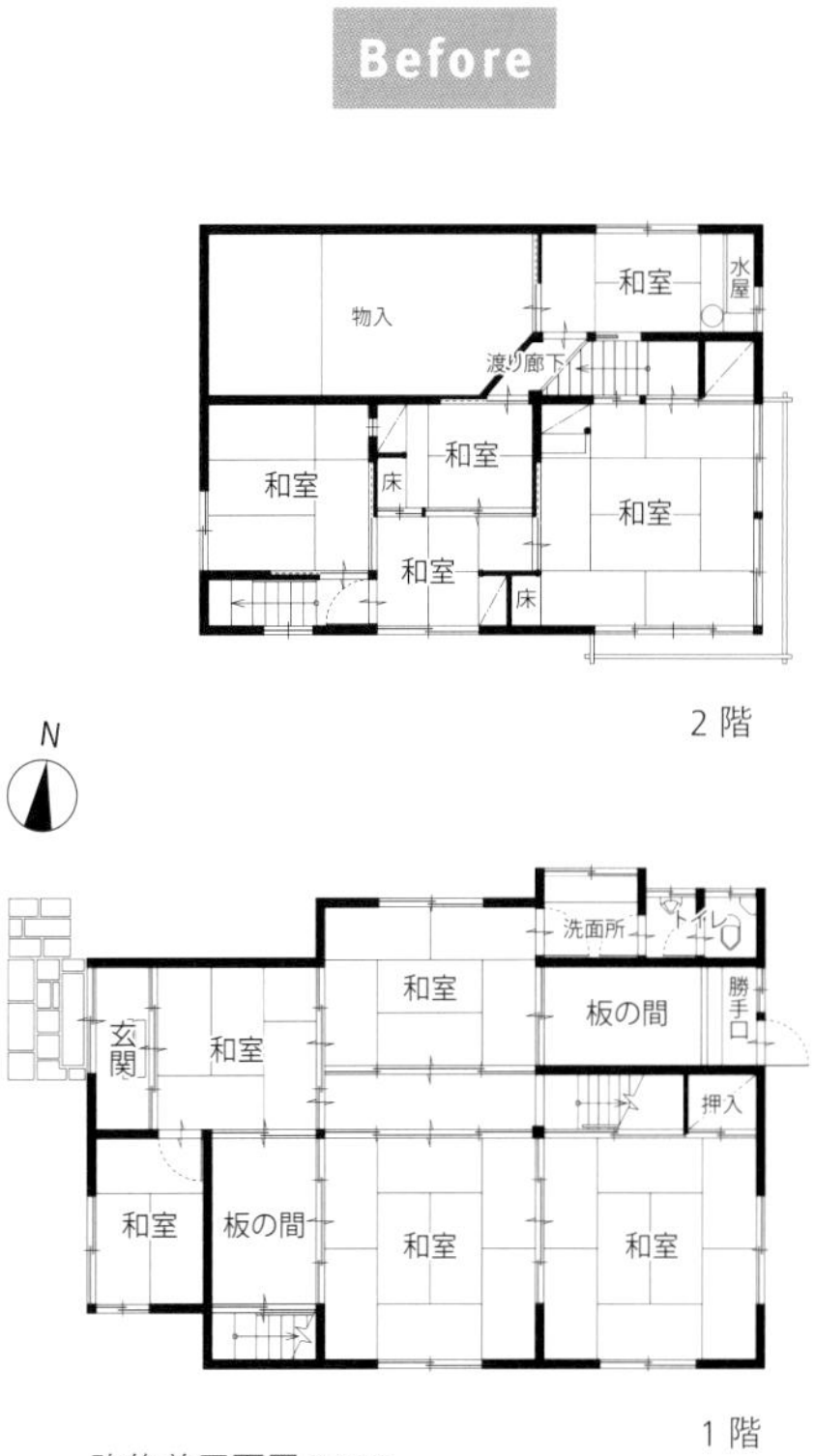

改修前平面図 1/250

に、寺という環境を味わってもらいたい。そのための施設です」と仁和寺の財務部長、大石隆淳さんは話す。財務部管財課、拝観課の金崎義真さんも「建物を保存するだけでなく、活用していきたいんです」と続け、「全国で木造建築のリフォームで実績がある住友林業ホームテックさんに設計・施工をお願いして良かったと思っています。もともと使い勝手の良い建物ではありませんでしたが、誰もが安心して使える宿泊施設として再生できました」と満足な様子。

　工事は、耐震補強の一環として基礎を新設することから始まった。仁和寺は埋蔵文化財の指定エリアとなっている。そのため、地盤を掘削せずに、建物全体をジャッキアップして古い基礎を撤去し、新たに鉄筋コンクリートで基礎をつくり、再び建物を下ろすという、とても難しいものだった。さらに温熱環境をととのえるための断熱材を充分に施すため、外壁を真壁《しんかべ》から大壁に。

　内装は、日本の古き良き風情を感じられる建物を目指して改修が進められた。1階は水まわりを刷新させ、リビングであり寝室ともなる和室を新しくつくった機能的な空間である。床の段差も解消している。対照的に、2階は庭を眺めたり、ゆったりと滞在を楽しむための場所だ。

「茶室のある2階は、もともと遊び心のある空間でした。構造的に傷んだ部分を改修するにとどめ、できるだけ昔の面影を残すように努めました」と、工事にあたった住友林業ホームテックの担当者は振り返る。

　修景造園工事は、グループ会社の住友林業緑化が担当した。ここでも、その技術と知識を活かした提案があった。新設したアプローチでは、建物が周りの木々に溶け込む姿をイメージして作庭。宿泊客に、境内からつながる自然や風景を堪能してもらおうと考えたのである。東側の主庭では、周囲の建物の圧迫感を緩和するため、盛土で築山《つきやま》を築き、草木や灯籠《とうろう》、庭石などを配した。

　建物と庭が一体となり、宿泊客をあたたかく出迎えている。

日本の伝統文化を伝えるための留学生を対象とした学生寮

東京都　春風荘

写真／川澄・小林研二写真事務所（＊を除く）

Data

築後年数	約85年
改修面積	277.16㎡
施工期間	約550日間

留学生が集う大きなテーブル

1階は居間を中心に四つの個室が配され、2階は女性専用となっている。居間のテーブルで勉強する留学生も多いそう。

活かすは使うこと。
コミュニティの拠点として
地域にひらいていきたい。

都内に立つ築85年の風格のある木造住宅は、政界の要人の住まいだった。数年空き家だったところ、縁あって入手したのが本庄国際奨学財団。海外からの留学生を支援しており、この昭和の趣を残す住宅を「留学生に日本文化を伝える場にしたい」と、学生寮への改修を考えた。

設計の相談をしたのは、木の建築も多く手がける建築家の隈研吾さん。隈さんからの提案は「素材を前面に出し、新旧の調和を見せる」ことだった。施工は、古い木造住宅を熟知していることから住友林業ホームテックに依頼した。

「通常であれば隠すような構造や機器などもあえて見せていて、最初は驚きました」と本庄国際奨学財団の事務局長は話す。

玄関を入ると広々とした居間があり、庭のある南側に広縁が続く開放的なプランとなっている。居間は柱が林のように立ち、よく見るとどの柱も色がまだら。撤去した貫《ぬき》部分を新しい材で補強した古い柱や、既存の土壁や塗装の跡をそのまま見せているのだ。柱の中央にある大きなテーブルは、2カ所あった階段室の一つを壊し、柱

昭和の趣を残す玄関

上／堂々とした佇まいの玄関。どっしりとした瓦屋根や手の込んだ欄間、前庭は当時のままで、玄関扉はアルミ製だったものを木製の格子戸に変更し、本来の雰囲気に。　下／当時の建物の格の高さを表す玄関の格天井。既存と新たにつくり付けた下足入れとの組みあわせが面白い。

居場所が点在する共用部

上／キッチンから開放的な居間を見る。古い部材と程よい対比となるよう合板は白塗装の拭き取りに。隈さんは塗装の微妙な色合いに留意し、数パターンの色見本から決定した。照明はLED電球を和紙で覆った手づくり。　中／L字に続く広縁は幅を拡張して、障子は新たに設置。すべて財団のスタッフらで紙を張った。　下／広縁にはベンチを新設。障子を開ければ庭を目の前に楽しめる特等席に。

につくり付けたもの。天井も取り替えが必要な部分だけ新材に替えているので、新旧の素材がパッチワークのようにつながっている。

住友林業ホームテックは耐震性も同時に検討し、床下や壁にオリジナルの制震ダンパーを導入。「大きな地震がきても揺れを抑え、倒壊を防止することができます」と担当者は太鼓判を押す。制震ダンパーさえも隠さずに現しとしたのも、隈さんらしい遊び心だ。

「住宅から寄宿舎に用途変更するのに手間を要し、新築への建て替えが頭を過ぎることもありましたが、諦めなくて良かった」と3年越しの完成を事務局長は感慨深そうに振り返る。

「春風をもって人に接し、秋霜をもって自らを慎む」という言葉から、春風荘と命名。現在は6名の留学生が暮らし、近隣の人を集めて居間で落語会を開催したこともあるのだそう。

「新たな命が吹き込まれた建物をもっとひらいていきたい。地域に根差し、コミュニティの拠点になれたら嬉しいですね」

建物の古い履歴を残し、
新たな命を吹き込むことで
互いの存在が際立つ。

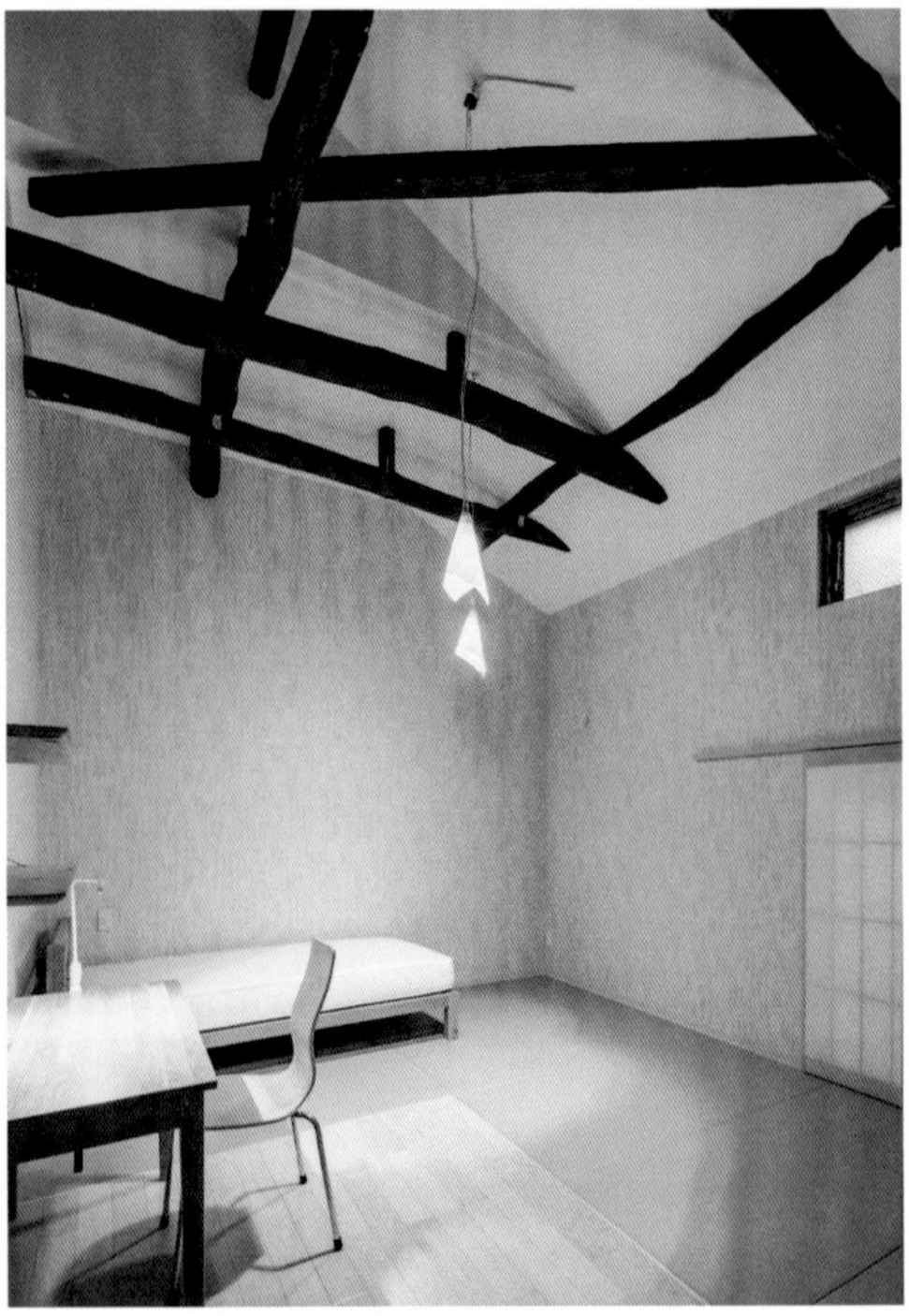

留学生が使いやすい工夫を

上／女性専用のフロア、2階の個室。各部屋にベッドとデスク、収納を用意し、壁の棚はつくり付け。床に敷いた畳は茶ガラを再利用したもので、消臭効果がある。壁は和紙調クロス。　中／梁を現した天井の高い1階の個室。下／2階の洗面スペースは個別の洗面カウンターを三つ用意。朝の支度に時間のかかる女性のために個別がいいだろうという隈さんの配慮から。

Before

改修前平面図 1/300

↓

After

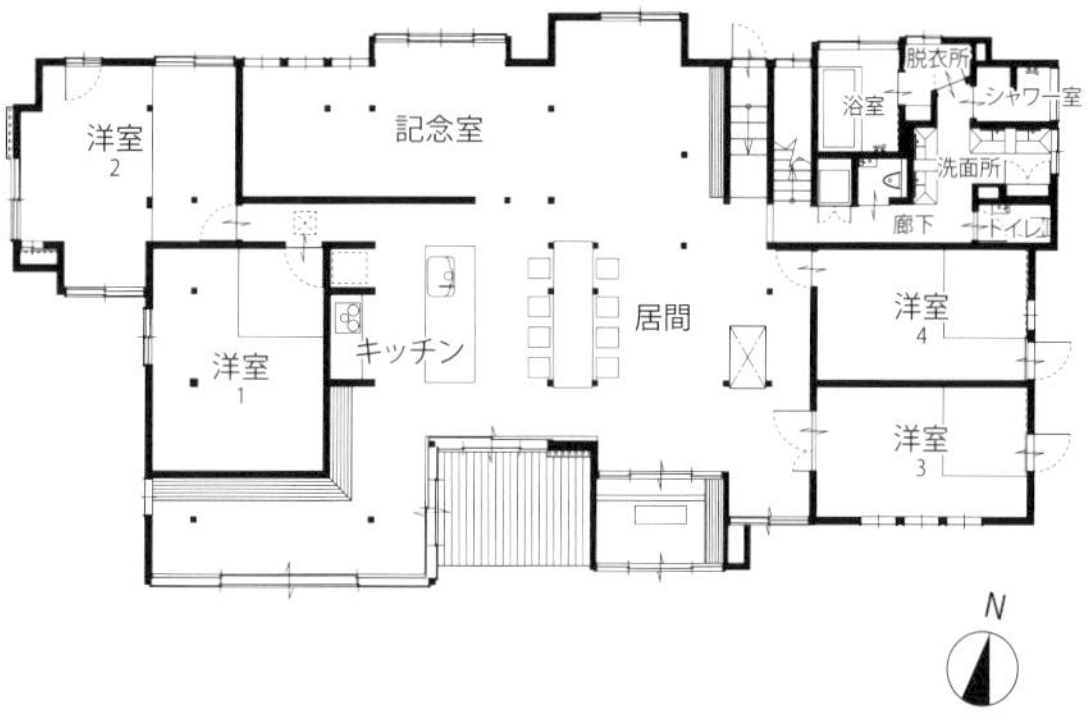

改修後平面図 1/300

*

*

リフォーム前の様子

右／玄関はほぼ当時のままだが、建具はアルミ製だったものを木の格子につくり替えた。　左／茶の間（写真）や納戸、和室などの壁を取り払い、大きなリビングに。

ホテルのような タイル張りの水まわり

右／シャワールームは各階に用意し、1階にはバスタブも設置。海外からの留学生が使用するので大きいサイズを選んだ。「湯船に浸かる文化を知ってもらいたい」と事務局長。　左／女性専用の2階はシャワールームが二つ。床と壁はタイル張りで、ホテルのような仕上がり。奥行きのあるプランで、シャワーカーテンの手前が脱衣所になっている。

ひらく 事例 10

アートに気軽にふれられる大正ロマンの漂う木のスペース

福岡県 Fギャラリー

右／絵画や家具、照明などはすべて置く位置を決めてから、リフォームの計画を進めたそう。　左／ゆらぎのあるガラス越しに庭を見る。廊下の木製建具はそのまま活用した。

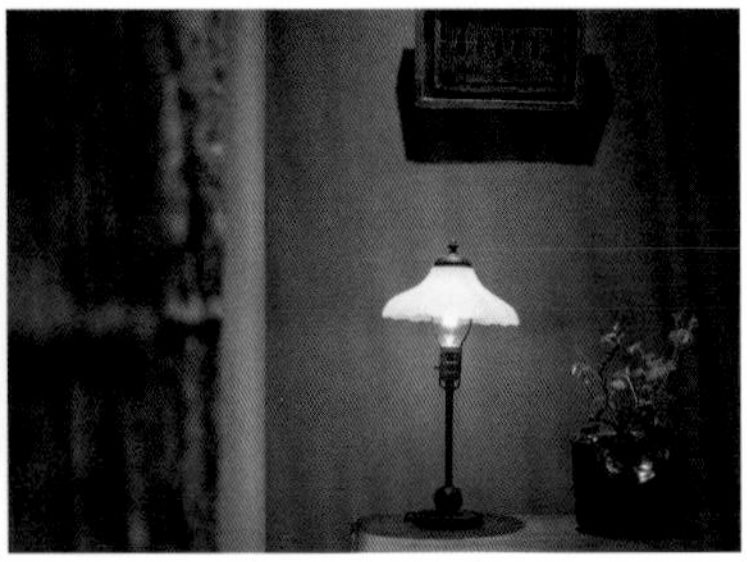

Data

築後年数	約 200 年
改修面積	214.60㎡
施工期間	240 日間

和の趣にモダンな表情を添える

右／玄関から続く板の間と納戸は壁を取り払い、広々としたギャラリーに。「スリッパをはかないギャラリーにしたい」という要望から、フローリングは足触りの良いなぐり調を選択。幾何学模様の色ガラスをはめ込んだ円窓が印象的だ。　左上／和室と隣の洋室は吹抜けで、既存の大きな梁が見えて豪快だ。　左中／和室にもモダンなアートを飾った。　左下／1階奥にあるプライベート用のダイニングキッチン。木の空間でステンレスのアイランドキッチンが映える。ロートアイアンの間仕切りがユニーク。

光と色、陰影が奏でる、レトロモダンな世界観。

築200年のご実家を継ぐことになったTさんご夫妻。当初は建て替える予定だったが、雨漏りで座敷を改修する際、太い梁が現れた。「それを見て、この家が最も喜ぶ方法は何かと考え直しました」とご主人。既存の良さを活かし、さらに蒐集しているアートを展示することで、多くの人に空間を体験してもらえるギャラリーに。木の建築なら住友林業ホームテックしかないと相談した。

　土壁もできるだけ残すため、床が7センチほど沈んでいたもののスケルトンにはせず、傾きを調整。中央はダイナミックな吹抜けのギャラリーにした。

　ご夫妻が描いたイメージは、モダンなテイストを取り入れた大正ロマンの〝粋〟。そこで、色ガラスや淡いピンクの漆喰などを随所に配し、光や色、陰影の表現を追求。空間になじむアンティークの照明やドアなどのほとんどはご夫妻自らが選んだものだ。

　工事中に度々足を運んで希望を伝え、大工も快く対応してくれたそう。「気軽にふれて癒されるアートセラピーのようなギャラリーにしたい」と笑顔で語ってくれた。

アンティークの照明があたたかみをもたらす

上／2階は小さな吹抜けを囲むようにギャラリーが広がる。来客にコーヒーを提供できるよう2階にもダイニングキッチンを用意している。壁の色は1階とは趣向を変え、淡いピンクの漆喰塗り。　下／アンティークのランプが大正ロマンのムードを演出。

ギャラリーらしい個性的な装い

右／外壁の深いブルーグレー、ピンクの御影石や朱色の庇といった色使いが個性的で、扉の先に広がる空間への想像力をかき立てる。　中／玄関灯も日本のアンティーク照明が選ばれた。　左／玄関扉はケヤキの格子戸を採用。小さな打ち出の小槌が愛らしい。

リフォーム前の様子

右／外観にはさほど傷みは見えないが、雨漏りや躯体の傾きがあった。　左／和室と板の間の境には格の高い筬《おさ》欄間がはまっていて、そのまま活かしてリフォーム。

After

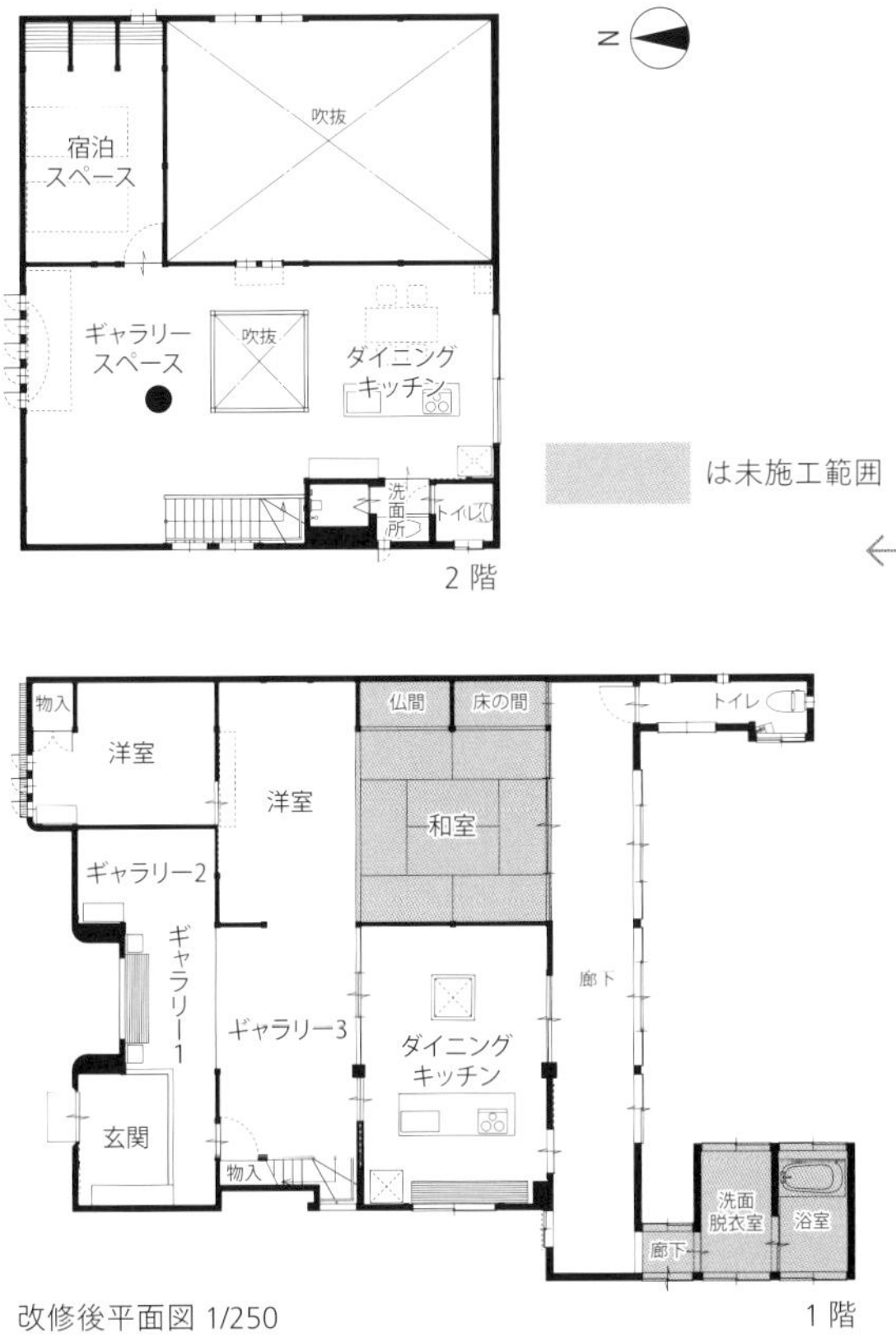

改修後平面図 1/250

は未施工範囲

Before

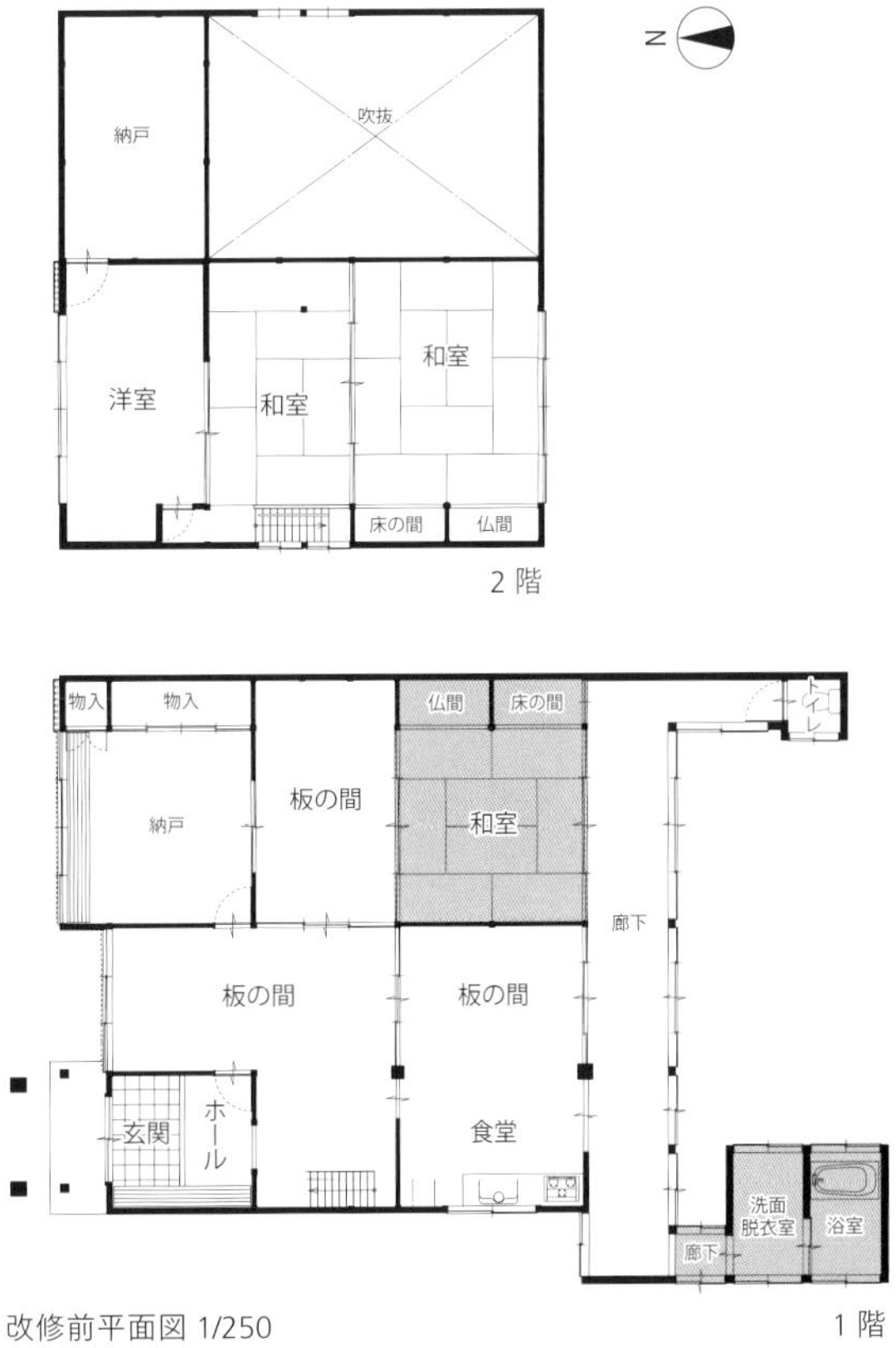

改修前平面図 1/250

穏やかな木の表情に包まれるどっしりとした漆喰塗りの蔵

岐阜県岐阜市　蔵ギャラリー

130年前の佇まいをそのままに

右上／重厚な蔵戸前に残る立体的な家紋。蔵の壁の厚さがよくわかる。　右下／入り口の格子戸はアンティークショップでTさんが探したもの。分銅文様の錠前があしらわれている。その上は、光を入れるとともに、内部の様子がわかるようガラスをはめた。　左／黒漆喰の重厚な佇まい。岐阜市の都市景観規制区域にあるため外観はほとんど変えず、往時の姿をとどめている。

Data

築後年数	130年超
改修面積	143.97㎡
施工期間	180日間

街道沿いに古い町家が立ち並ぶ岐阜市靭屋《うつぼや》町。地元で事業を営むTさんはあるとき、町の一角に立つ黒漆喰の重厚な蔵の存在を知った。それは明治24年の濃尾地震でも壊れなかった唯一の蔵だという。「地元の文化財を引き継ぎ、まちを活性化することが使命だ」とTさんは蔵を購入。ギャラリー兼地域のコミュニティスペースにしようと、住友林業ホームテックに設計を依頼した。

蔵の裏側には木造の建物が隣接していたことから、蔵の1、2階をギャラリー、裏の建物をバックヤードへと変更。蔵は床や壁、天井をできる限りそのまま利用し、入り口や窓にはガラス窓を設置して蔵内に光を取り入れた。

一方のバックヤードは全面改修。内装は蔵との連続性を意識し、Tさん所有のアンティークの品々を随所に取り入れた。ホールの突き当たりは、中央にステンドグラスをあしらった窓に。これはTさんもお気に入りなのだとか。穏やかな時間が流れる空間は、伝統的なまちの癒しの場となるに違いない。

アンティークが二つの空間をつなぐ

上右／あられガラスの格子戸中央にステンドグラスをはめたホールの窓。　上左／タペストリー、建具、筬《おさ》欄間などアンティークのアイテムにより、蔵とバックヤードに統一感が生まれている。床は足場板を利用。　下／１階蔵側から奥のホールを見る。蔵の床は下地を取り替えたあと、既存の床材を張り直した。

蔵はできる限りそのままに、バックヤードと蔵には連続性を。

白い漆喰と木のコントラスト

構造が現しとなった蔵の2階もギャラリー兼コミュニティスペース。照明が少なかったため、フロア全体の明るさを確保できるよう照明を新たに設置した。2階の漆喰壁も既存のもの。

リフォーム前の様子

大きな梁をはじめとして、頑丈な躯体でつくられていた蔵の内部。上／2階は漆喰の白色が保持されていた。下／1階の蔵戸前も良い状態のまま残っていた。

右／階段の足元を行灯のようなフロアランプが優しく照らす。階段には上りやすいよう手すりを新設。　左／棟木に吊るしたアンティークランプ。緑色のシェードが懐かしさを誘う。

After ← **Before**

改修後平面図（1階のみ）1/200

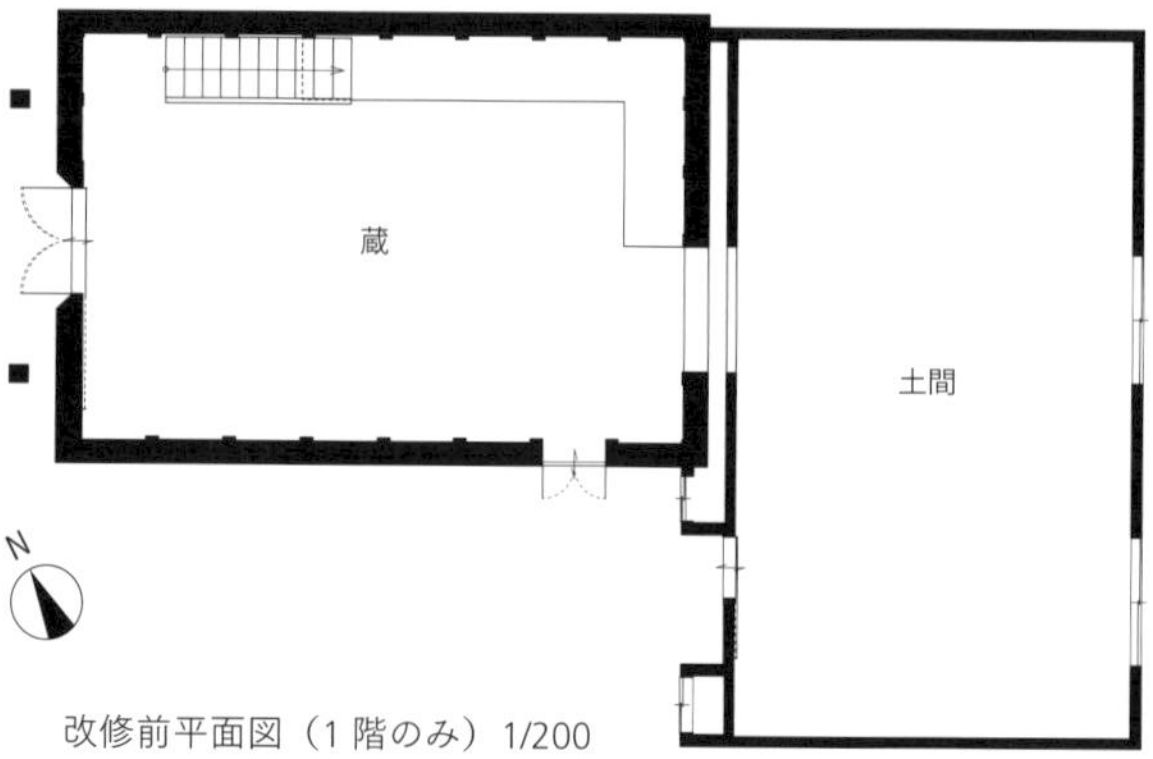

改修前平面図（1階のみ）1/200

次代へ引き継ぐ、安全で快適な住まいへ

旧家再生の技術

長い歴史を重ねてきた旧家を次代へ引き継ぐためには、
伝統構法を活かす技術と、最新の施工技術の両方が欠かせない。
住友林業ホームテックで使われている旧家再生技術を紹介しよう。

匠たちとともに全国の旧家を再生

住友林業ホームテックでは、伝統構法を知り尽くした熟練の匠たちとともに、全国で多く旧家再生を手がけている。

先人の知恵と技に学び
後世に手渡すための旧家再生

１００年２００年と家族を守ってきた旧家。この長い歳月に耐えられるのは、「伝統構法」で建てられているからだ。今では手に入りにくい高樹齢の大きな木を山から伐り出し、何年も乾燥。樹種の性質や木のクセにあわせて適材適所に使い分け、部材を刻んで継手《つぎて》と仕口《しくち》にし、釘や金物を使わずに組み上げる。粘り強い木組みの家は、地震や台風のときには建物全体がしなって、外からの力を吸収し逃がす構造になっている。

住友林業ホームテックは「生きた木の文化」ともいえる旧家の再生に取り組み、熟練の職人たちとともに日本全国で実績を重ねてきた。失われつつある伝統技術に学び、地域ごとに異なる施工方法も整理して、旧家再生研究所を通じて全社で共有している。さらに、住友林業筑波研究所と共同で伝統構法に特化したリフォーム技術を数々開発し、お客様の費用や期間の負担軽減に努めている。

熟練を要する伝統構法改修のための技術

曳家《ひきや》

建物をそのまま移動する「曳家」。柱、梁、屋根を傷めないように、変化する現場の状況に応じて無理のない均等な力加減を差配する匠の技だ。

揚家《あげや》

移動はせずに、建物全体をバランスよくジャッキアップして浮かせる「揚家」。建物の下全面に土台を新設する場合や、傷んだ柱を取り替える場合などに用いる。

建て起こし

建物が傾いている場合に、ワイヤーやジャッキを使って梁や柱のねじれを修正する「建て起こし」。必要に応じて新しい柱を追加し、より強固な構造にする。

茅葺き

茅がきれいに切りそろえられた茅葺き屋根の軒先は、茅葺き職人の腕の見せどころだ。化粧垂木と相まって、美しい表情に仕上がっている。

豊富な施工データを分類分析
最適な補強プランを体系化

ひとくちに旧家といっても、築年数や立地条件、手入れの状態によって老朽化の度合いは大きく異なる。それが旧家再生の難しさだ。旧家再生研究所では豊富な施工データを蓄積し、知恵と技術を分類分析。すべての担当者が旧家の構造や状態を的確に調査把握し、最適な技術を駆使できるように旧家再生技術の体系化を進めている。

なかでも重要なのは、正しい建物調査と耐震診断、適切な補強だ。伝統構法の建物は横方向の力がかかると柱と梁の接合部分が動きながら耐える構造になっているが、老朽化によって損なわれた耐力をどのように補強していくか。住友林業ホームテックではその方法を大きく五つに分類し、耐震か制震か、軟弱地盤対策を行うか行わないかという二つの軸で選択チャート化。建物の状態や法的規制、またコスト面などの諸条件に対して最適な補強方法を迅速に導き出す独自のシステムを構築している。

旧家の耐震・制震補強方法を選択チャート化

住友林業ホームテックでは、豊富な施工データを分類分析し、
最適な耐震・制震補強方法を迅速に提案できるよう選択チャートを構築している。

2019 年 12 月現在

耐震補強
建築基準法の制約がある
（確認申請や耐震改修助成金申請）

施工コスト大
耐久性大
気密断熱性能大

現行基準法適合
□ 移築
□ 既存延床面積の 1/2 を超える増築

パターン 1
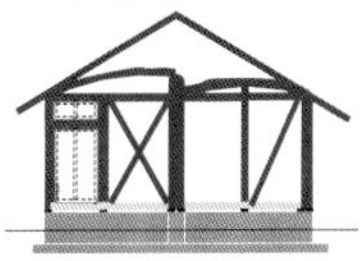
建築基準法に適合させる補強
現行の建築基準法に適合するよう、揚家《あげや》（ジャッキアップ）をして鉄筋コンクリートの基礎を新設し、耐力壁で耐震補強する。

耐震診断で評点1.0以上
□ EXP.J（伸縮継手）を入れる増築
□ 耐震改修助成金申請

パターン 4
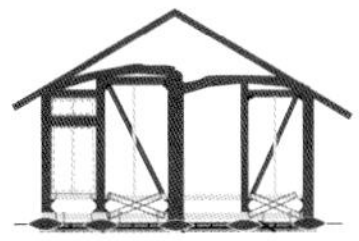
耐圧盤を打設する補強
揚家はせず、玉石を残したまま主要区画ラインに鉄筋コンクリート造の耐圧盤を打設して脚部を補強すると同時に、耐力壁で補強する。

パターン 2
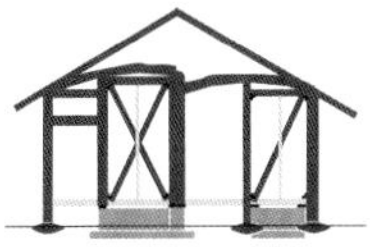
部分基礎新設と耐力壁による補強
揚家はせず、主要な構造柱の間や耐力壁の下にのみ鉄筋コンクリート造の基礎を新設し、耐力壁で耐震補強する。

パターン 3 耐震
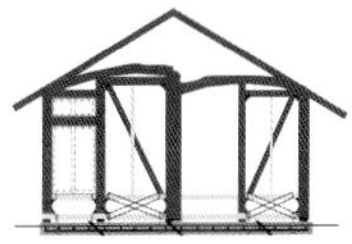
全面に基礎を打設する補強
揚家をし、建物下全面に鉄筋コンクリート造のスラブ基礎を新設して脚部を補強するとともに、耐力壁で耐震補強する。

軟弱地盤対策を行わない

軟弱地盤対策を行う

パターン 5

制震ダンパーによる補強
土台は既存のまま、土台と柱、柱と梁の接合部や壁の内側に指定の制震ダンパーを設置する。揺れながら耐える伝統構法の建物に適した制震補強。

パターン 3 制震
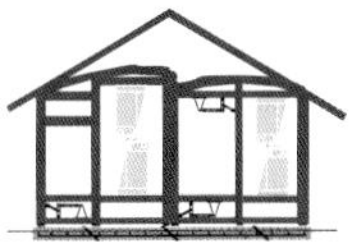
全面に基礎を打設する補強
揚家をして、建物下全面に鉄筋コンクリート造のスラブ基礎を新設。土台と柱、柱と梁の接合部や壁の内側に制震ダンパーを設置する。

制震補強
建築基準法の制約がない

施工コスト大
耐久性大
気密断熱性能大

＊パターン 2 は、部分的に軟弱地盤があり、その箇所に基礎を設置するときに選択可。

旧家を安全快適に再生するオリジナル技術

五つに分類した耐震・制震補強方法にあわせて導入されるオリジナル工法は、実際の大地震を想定した耐震性能はもとより、コスト、工期の面からお客様の負担を軽減することも含めて考案されている。

それには大きく2種類の工法がある。耐震技術「スミリンREP（レップ）工法」と、制震技術「スミリンCEM（セム）工法」だ。

「スミリンREP工法」は、建物の耐震性を高めるのに必要な「基礎・土台」「柱・梁」「床・壁」の強化補強のために開発された。その内容は多岐にわたるが、なかでも和室の真壁を床と天井を傷めずに補強する「剛節ビーム耐力壁」と、傷んだ部分だけを補強して既存の柱を活かす「柱の根継工法」は、旧家再生に欠かせない技術だ。

もう一つの「スミリンCEM工法」は、制震ダンパーを用いた制震技術。地震の揺れを吸収・低減して建物の揺れを抑えるとともに、繰り返し起こる余震に対しても強さ

旧家再生のオリジナル耐震・制震技術

耐震技術（スミリンREP 工法）

低コストで和室の真壁を耐力壁に

剛節ビーム耐力壁

従来、和室の真壁を耐力壁にするには大がかりな工事が必要なため避ける傾向があった。そこで、柱間に水平に設置する「剛節ビーム金物」を開発。天井や床、長押《なげし》や鴨居を取り外すことなく施工することで、低コストで真壁を耐力壁にできるようになった。日本建築防災協会技術評価 DPA- 住技 -47-1（変更・追加・更新）特許第 05596338 号

施工しやすく強度が高い

柱の根継《ねつぎ》工法

一般的に腐朽した柱の根継は金輪継《かなわつぎ》などの伝統技術で行われるが、熟練した技術が必要なこと、引張強度が弱いことなどの問題点がある。オリジナル開発の「柱の根継工法」は加工が容易で、しかも引張強度、曲げ強度、座屈強度などで高い強度を実証している。特許第 06532144 号

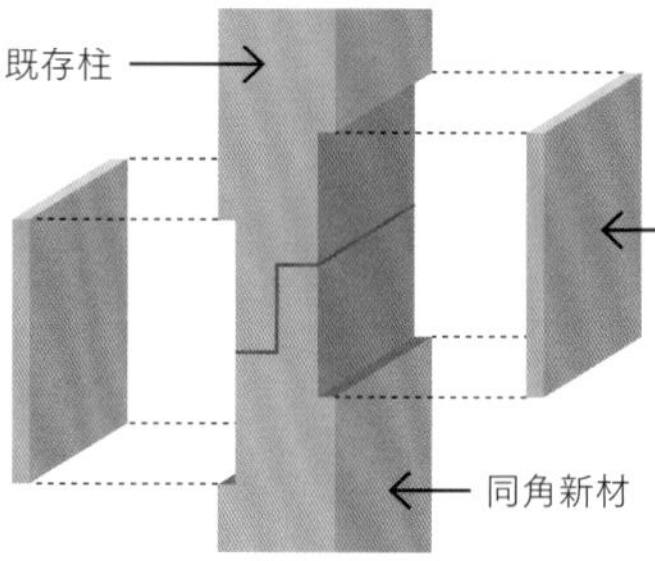

制震技術（スミリンCEM 工法）

東日本大震災で優れた威力を発揮

震度 7 の激震が襲った東日本大震災。2011 年 3 月 11 日以前にスミリン CEM 工法で制震補強した宮城県の T 邸を地震後に調査させていただいたところ、1 階にクロス割れや和室塗り壁の軽微な損傷が見られたのみだった。T 様のお話では「本震時にはほとんど建物に損傷がなく、しばらく近隣の避難所がわりになっていた」とのこと。

揺れて耐える伝統構法に最適な制震ダンパー

伝統構法用エネルギー吸収ダンパー

テコの原理を利用した金物に、自動車のショックアブソーバーに使われている油圧ダンパーを組み込んだ同社オリジナルの制震装置。これを柱と梁、柱と土台の接合部分に取り付けることで、地震の振動エネルギーを吸収して揺れを抑える制震工法だ。特許第 05541729 号

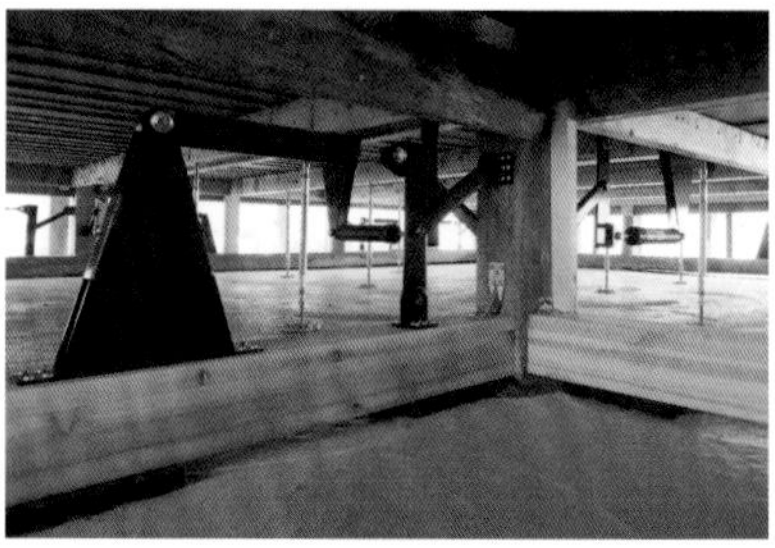

を発揮する。住友林業ホームテックでは、一般的な木造軸組工法の2階建て住宅用とは別に、伝統構法建築物のために独自の制震ダンパーを開発。2012年に実施した阪神・淡路大震災を想定した加振実験では、ダンパーを装着した試験体で約50パーセントの揺れを抑える高い制震効果が実証された。

そして、旧家を快適な住まいに再生するのに欠かせないのが、断熱・気密補強とバリアフリー化だ。

旧家再生では最初の建物調査で構造体全体の状態とともに天井、床、壁の断熱・気密状況も把握して、最適な補強計画を行っている。たとえば内壁や小屋裏、床下など適切な箇所に断熱材を入れたり、サッシや窓ガラスを変えることで断熱・気密性能は格段に向上する。それにより、年間を通して省エネにも大きな効果を発揮する。

また、家族全員の住みやすさを追求するバリアフリー化では、段差の解消をはじめ、こまやかに配慮した設計やさまざまな工夫を全社的に共有し、バリアフリー技術を構築している。

快適性と省エネ効率がアップ

断熱・気密技術の例

断熱材

● 壁

壁の内側に断熱材を入れる。必要に応じて天井や床下からの空気の流れを遮断して、外気からの熱の影響を軽減する「気流止め」も行う。

● 天井

小屋裏に断熱材を敷き込むことで、夏の熱気、冬の寒気の室内への影響を減少させ、冷暖房効果を高める。

● 床

床下に断熱材を張り付けたり、和室の畳の下に特殊シート※を敷き込むなどによって床下からの外気を遮断する。

※水は通さないが湿気（水蒸気）は通す性質を持つシート。

サッシと窓

● 二重化工法

既存サッシの室内側にサッシを新設。窓まわりからの冷気や隙間風を改善し、防音効果も高められる。

● Low-E 複層ガラス

用途にあわせて選べる「遮熱型」と「断熱型」がある。冬のあたたかい日差しは入れるが、室内の熱は外に逃さない「断熱型」を南側窓に、夏の日差しをカットして冷房効果を高める「遮熱型」を西側窓に設置することで、熱を効果的にコントロールすることができる。

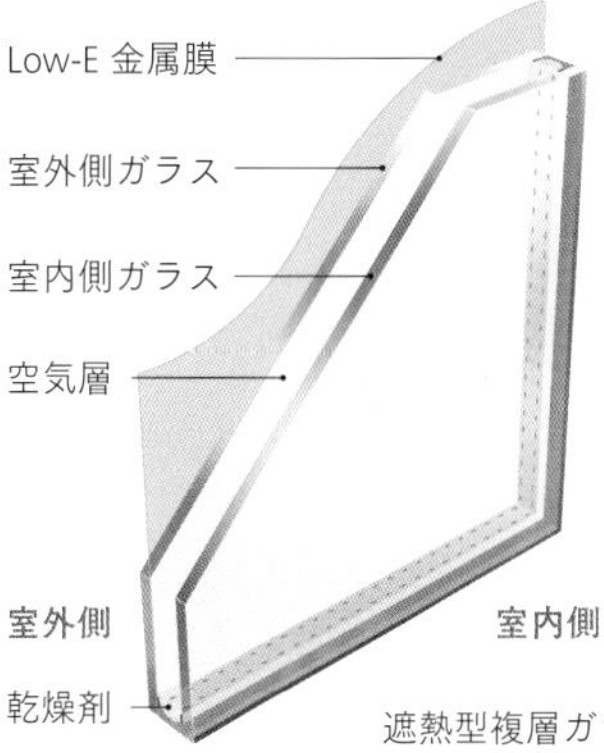

遮熱型複層ガラス
（出典元：YKK AP）

こまやかなバリアフリー技術の例

● 建具・ノブ

小さな段差を解消したノンレールサッシや軽い力で開閉できるドアノブ・ハンドルなど、建具にもさまざまな配慮や工夫をしている。

● 階段・廊下

車椅子でもスムーズに曲がれる廊下のコーナー設計や踏み外し防止に配慮した階段、また、将来の手すり設置に備えた下地補強なども提案。

● 寝室

寝室は布団の上げ下ろしの負担がない洋室のベッドルームにし、トイレを近くに配置する。また、体にやさしい床暖房を提案することも。

● 洗面台・トイレ

将来的に車椅子でも快適に生活できるよう、適した洗面台の高さや形状とし、トイレの扉を引き戸にして広さを確保するなどの提案もする。

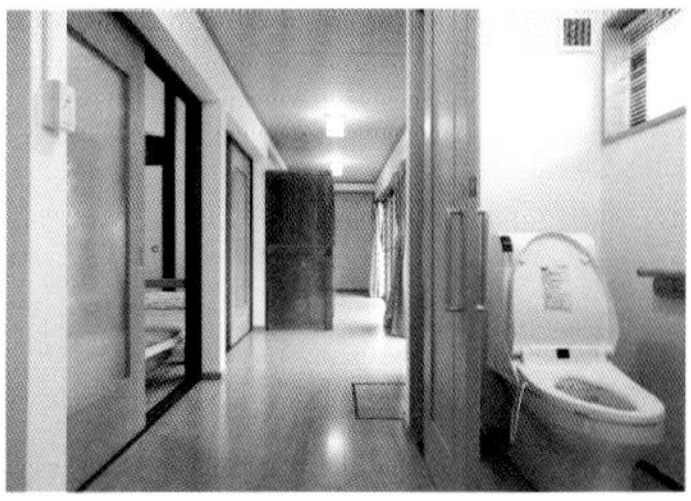

日本の財産である旧家を住み継ぐお手伝い。「百年のいえ倶楽部」にご入会ください。

旧家の良さを活かしながら、現代の暮らしにあった機能や設備を取り入れて快適な住まいにしたい。こうしたご要望にお応えして、長年、旧家リフォームを手がけてきた住友林業ホームテックは、日本の伝統的な建築を後世に伝えていくためのさまざまな活動を行っています。

２００８年に設立した「旧家再生研究所」では、旧家の実態に即した耐震、省エネ、バリアフリーなどのリフォーム技術を研究開発しています。また、旧家リフォームの事例を紹介する書籍『温故知新のリフォーム』シリーズもこの巻で６冊目となります。

また、２０１３年には、会員制の「百年のいえ倶楽部」を開設しました。先祖代々住み継がれてきた旧家を次代につなげるお手伝いをさせていただくために、さまざ

大阪府　N邸　築後年数約120年

高齢のお母様が戸惑わないよう、リビングも和室のままで。

室内の建具や欄間をできる限り残し、庭の眺めを楽しむリビングに。

茨城県　S邸　築後年数約120年

会員特典

1. 新規ご入会の方には無料建物診断を実施。M
2. 旧家に住み替え時の仲介手数料10％割引。M O
3. リフォーム工事代金3％の特別永久割引。M O
4. 旧家のための長期有償メンテナンス制度。O
5. 旧家リフォームのご相談窓口を設置。M O
6. 歴史的建築物などを見学する定期的な交流会やセミナーを開催。M O
7. 入会お申込みの方に書籍『温故知新のリフォーム』最新刊を進呈。M O
8. お役立ち情報満載のメルマガを配信。M O
9. 定期刊行誌『リフォレスト』のお届け。M O
10. 旧家リフォーム後の写真入りポストカード100枚をプレゼント。M O
（500万円以上の増改築工事に限り）
11. 三井住友信託銀行による旧家の維持・管理に役立つサービスのご提供。M O
（会員様のお申し出により、三井住友信託銀行様をご紹介いたします）
12. ホームセキュリティ、安全安心のサービスのご提案。M O

「百年のいえ倶楽部」入会条件

1. 住友林業ホームテックにて旧家リフォームをされたお客様。
2. 昭和25年以前の木造住宅（旧家）、歴史的建築物（神社・仏閣等）を所有されている個人、法人。
3. 今後、上記建築物の所有をお考えの個人、法人。

お気軽にお問いあわせください。

M メンバーズ会員／これから旧家を所有される方・旧家をリフォームされる方

O オーナーズ会員／住友林業ホームテックにて旧家リフォームをされた方

百年のいえ倶楽部

まなサポートサービスや情報をご提供し、また会員様同士の交流の場を設けております。ご好評をいただいている「旧家見学・交流会」は、今後も開催を予定しています。

旧家にお住まいの方や、旧家所有をお考えの方には、ぜひご入会くださいますようご案内申し上げます。詳細につきましては、住友林業ホームテックへお問いあわせください。

式台玄関に華奢な格子の特注サッシを新設。座敷から前庭と長屋門を望む。

茨城県　T邸　築後年数約120年

愛知県　A邸　築後年数約90年

二間の和室をつなげた大きなLDKを中心に親子二世帯同居住宅へ。

引き継いだ母屋に写真を飾り音楽を楽しめるモダンなリビングを実現。

滋賀県　N邸　築後年数約140年

詳細は住友林業ホームテックにお気軽にお問いあわせください。

フリーコール　0120-5-46109

インターネットでもご覧いただけます。

検索ワード　百年のいえ倶楽部

右の2次元バーコードからもアクセスできます。

◉住友林業ホームテック支店・営業所

［北海道エリア］
札幌支店

［東北エリア］
仙台支店
山形営業所
福島支店

［北陸エリア］
北陸支店
福井店
富山支店

［関東エリア］
池袋支店
東京東支店
城南支店
東京西支店
多摩支店
東京南支店
神奈川西支店
横浜支店
横浜北支店
湘南支店
千葉支店
成田支店
柏支店
埼玉支店
埼玉北支店
埼玉東支店
埼玉西支店
群馬支店
宇都宮支店
小山支店
水戸支店
つくば支店

［甲信越エリア］
甲府支店
信州支店
松本店
新潟支店

［東海エリア］
名古屋支店
春日井店
名古屋中央支店
岡崎支店
豊橋店
静岡支店
静岡東支店
浜松支店
三重支店
津支店
岐阜支店

［関西エリア］
大阪支店
大阪北支店
大阪南支店
京都支店
北近畿支店
滋賀支店
和歌山支店
奈良支店
神戸支店
阪神支店
姫路支店

［中国・四国エリア］
広島支店
福山支店
岡山支店
山口支店
松山支店
新居浜支店
高知店
高松支店
徳島店

［九州エリア］
福岡支店
西九州支店
北九州支店
大分営業所
熊本支店
鹿児島営業所

2019年12月現在

温故知新のリフォーム 六
「再生」が拓く新しい物語
旧家再生研究所　編

2020年3月5日　初版第1刷発行

監　修　　住友林業ホームテック株式会社
発行所　　株式会社建築資料研究社
〒171-0014
東京都豊島区池袋 2-10-7 ビルディング K 6 階
TEL 03-3986-3239
印刷・製本　大日本印刷株式会社

Printed in Japan
ISBN978-4-86358-657-4

FSC www.fsc.org ミックス 責任ある木質資源を使用した紙 FSC® C006469
VEGETABLE OIL INK